稻盛和夫
人生哲学

80
WORDS
成就
美好人生

[日] 桑原晃弥 著
周征文 译

人民东方出版传媒
People's Oriental Publishing & Media
东方出版社
The Oriental Press

图书在版编目（CIP）数据

稻盛和夫人生哲学 /（日）桑原晃弥 著；周征文 译 . — 北京：东方出版社，2023.7
ISBN 978-7-5207-3369-4

Ⅰ. ①稻⋯　Ⅱ. ①桑⋯②周⋯　Ⅲ. ①企业管理—经验—日本—现代
Ⅳ. ① F279.313.3

中国国家版本馆 CIP 数据核字（2023）第 042855 号

HITO WO TAISETU NISHI SOSHIKI WO NOBASHU INAMORIKAZUO NO KOTOBA
Copyright ©2021 by Teruya KUWABARA
All rights reserved.
Illustrations by Masatoshi TABUCHI
First original Japanese edition published by Liberalsya, Japan.
Simplified Chinese translation rights arranged with PHP Institute, Inc.
through Hanhe International (HK) Co., Ltd

本书中文简体字版权由汉和国际（香港）有限公司代理
中文简体字版专有权属东方出版社
著作权合同登记号 图字：01-2023-0704号

稻盛和夫人生哲学
（DAOSHENGHEFU RENSHENG ZHEXUE）

作　　者：	[日] 桑原晃弥
译　　者：	周征文
责任编辑：	贺　方
出　　版：	东方出版社
发　　行：	人民东方出版传媒有限公司
地　　址：	北京市东城区朝阳门内大街 166 号
邮　　编：	100010
印　　刷：	北京文昌阁彩色印刷有限责任公司
版　　次：	2023 年 7 月第 1 版
印　　次：	2023 年 7 月第 1 次印刷
印　　数：	1—6000 册
开　　本：	787 毫米 ×1092 毫米　1/32
印　　张：	6.125
字　　数：	102 千字
书　　号：	ISBN 978-7-5207-3369-4
定　　价：	54.00 元
发行电话：	（010）85924663　85924644　85924641

版权所有，违者必究
如有印装质量问题，我社负责调换，请拨打电话：（010）85924602　85924603

前言
为人正直，且极度认真地度过每一天

说到"经营之圣"，以前要数松下创始人松下幸之助。但在当今时代，提到"经营之圣"，人们首先想到的往往是京都陶瓷（现在的京瓷）的创始人稻盛和夫。

那么稻盛为何会被誉为新"经营之圣"呢？

1959年4月，稻盛创立了京瓷。自那以来，公司一直保持账面黑字的盈利状态，并成长为超优良企业。而他于1984年成立的第二电电（现在的KDDI）如今亦以日本人耳熟能详的品牌名"au"，成为与DoCoMo和软银（Softbank）并驾齐驱的移动电话电信服务商。不仅如此，当日本航空（JAL）陷入在旁人看来"任谁都无力回天"的经营危机时，他又临危担任其会长，负责重建日航。通过阵前指挥，短短3年间，他便成功让日航重新上市。这般企业经营方面的卓

前言

越功绩和过人水平,自然广受赞许和好评。但他的伟大之处还不止如此,直至2019年,他耗费大半生时间和心血,一直致力于运营旨在教育和培养企业经营者的学习组织"盛和塾"以及旨在表彰在科学和艺术等领域为人类做出贡献的国际奖"京都奖"等非营利或慈善性的组织和活动。他的这种活法和思维方式,受到全球众多企业家的敬佩和景仰。

自主创业,靠自己这一代把企业做大做强。这样的企业家在日本并不少见,稻盛亦是其中之一。可为何唯有他被誉为新"经营之圣",为何全球众多企业家都愿意聆听他的话语,其中必有重大原因。纵观他年轻时的第一份工作(本书中也会屡次提及),当年毕业后在松风工业就职的他,既非异禀天才,也非一帆风顺。不仅如此,他之前的人生可谓诸事不顺,不但在报考理想学校时屡屡落榜,在面试理想企业和工作时也屡屡被拒。

据他坦言,由于他平时勤于锻炼、体质刚健,因此当时甚至一度萌生"加入黑帮,凭高学历当个'知识型恶棍'"的想法,可见其人生有多不如意。而他应届毕业入职的松风工业不管在工资待遇还是经营状况方面,都令员工不满。与他同时入职的同事由于对公司失望,一个接一个早早辞职走人。他自己起初也打算跳槽,可结果事与愿违。最终,与他

前言

同年入职的新员工，就只剩他一人。

这时的稻盛改变了心态，他说服自己"与其有空牢骚抱怨，不如埋头工作，直至忘记不满"。于是他每天只努力专注于工作，结果人生就有了180度大转变——他收获了卓越的研究成果，制造出了优秀的产品。这使他有了自信，也得到了周围人的好评，并为他日后创立京瓷打下了基础。

而在创立京瓷后，稻盛在凭借"不成功决不罢休"的执着和斗魂拓展市场的同时，又学会了珍视员工，开展"以心为本的经营"。通过对该信念精神和经营理念的彻底贯彻，京瓷最终成功成长为世界级的大企业。

稻盛娓娓道来的"经营心得"，便是在如此反复试错中诞生的，其不但一点也不艰深晦涩，且或许反而可谓"理所当然"。可其实"理所当然地彻底持续践行理所当然之事"才是最难的。各企业的经营理念各异，亦有各自恪守的原理原则，但问题在于"是否坚守底线不动摇"。不少企业经营者在遭遇经营不顺的逆境时，或是碰到能够耍小聪明挣快钱的"好事"时，往往会定力不够，以"稍微违规点儿没事，这也是为了公司嘛"之类的借口搪塞自己，从而误入歧途。

稻盛则不同，对于这种"稍微一点点没事"的借口，他决不饶恕。不予例外，把自己的原理原则（将"作为人，何

前言

谓正确？"作为判断基准）贯彻到底，从而收获了巨大成功。而这便是稻盛的伟大之处。

人性存在弱点，我们往往会被"偷懒轻松""违规获利"的想法所诱惑，可在接触和学习了稻盛的活法和箴言后，让人再次切实感受到，"为人正直，且极度认真地度过每一天"是多么美好殊胜之举。

在当下这种充满不确定性的时代中，想必有不少人嗟叹"为何倒霉的是我？"。在这种时候，不妨试着倾听稻盛的箴言。因为他正是通过愈挫愈勇、坚持努力、积极向上，最终实现了自己的梦想。在他的箴言中，必有能成为你精神支柱的法门。

若本书能为各位读者今后的人生起到哪怕微薄的积极作用，本人便已荣幸之至。

在执笔本书的过程中，我得到了自由社（出版公司）的伊藤光惠女士、安田卓马先生和仲野进先生的鼎力相助。在此致以衷心感谢。

桑原晃弥

目录

第一章 爱上自己的工作,拼命努力地生活

01 所谓天职,皆为自己创造 /002
02 把"只按命令被动完成的工作"变为"主动思考开展的工作" /004
03 热衷工作,离苦得乐 /006
04 今日的努力付出,会开拓未来 /008
05 从起点就全力冲刺 /010
06 唯有加入经验,方能催生成果 /012
07 获得周围公认,方为"真正的努力" /014
08 杜绝差错,追求完美 /016
09 顺境是好,逆境更好 /018
10 拼命努力,就会获得神灵的加持 /020
11 每日积累,万能提升自我 /022

目录

⑫ 成功全在于持续不懈、踏踏实实的努力 /024

⑬ 倾听产品的声音 /026

⑭ 付出不亚于任何人的努力 /028

第二章 思维方式改变人生

⑮ 改变思维方式，人生将发生180度改变 /032

⑯ 即便小成功，也要表扬自己 /034

⑰ 成为自我燃烧的人 /036

⑱ 故意承接看似做不到的难题 /038

⑲ 经济不景气正是成长的机遇 /040

⑳ 反省有必要，但苦恼则不必 /042

㉑ 处理事物时心怀善念，才能顺风顺水 /044

㉒ 具备作为抉择基准的原理原则 /046

㉓ 失败育人 /048

㉔ 做买卖，九成靠本事 /050

㉕ 热情源自坚信"自己正确"的底气 /052

㉖ 不可将才能化为私有 /054

㉗ 动机纯粹，则无敌 /056

第三章 不断磨砺人格

㉘ 每天要反省一次自己的言行 /060

㉙ 越有才能，越要磨砺出"与之相配的人格" / 062

㉚ 知识变成见识，见识变成胆识 / 064

㉛ 财富是"暂时替社会保管之物" / 066

㉜ 不断自问"是否有任何有愧之处" / 068

㉝ 凭借哲学和人生观，全心投入工作 / 070

第四章　莫要放弃，人生前途广阔

㉞ 相信"进步空间"，敢于挑战 / 074

㉟ 用好乐观和悲观 / 076

㊱ 真正的成功，就在"绝望"的前方 / 078

㊲ 唯有"落实到底"，目标才有意义 / 080

㊳ 故意加码目标 / 082

㊴ 一旦定下目标，就要坚决宣布 / 084

㊵ "不言实行"不如"有言实行" / 086

㊶ 所谓努力，即认真思考 / 088

㊷ 描绘梦想要直至"看见结果" / 090

㊸ 要当个"敢于冒险的外行" / 092

㊹ 以不屈不挠的斗志，让"念想"成真 / 094

㊺ 今后的努力，能够改变未来 / 096

㊻ 不要跟随潮流，而应创造潮流 / 098

目录

第五章 称职的领导

- ㊼ 热情热语,打动下属 /102
- ㊽ 领导应不断阐述工作的意义 /104
- ㊾ 比起自己,领导应以伙伴为优先 /106
- ㊿ 领导在思考问题时,应把自己放在次要位置 /108
- ㈤ 如西乡般热忱,又似大久保般冷静 /110
- ㈥ 领导要凭借自身行动,用"背影"默默教育和感染下属 /112
- ㈦ 领导不可用谎言来逃避问题 /114
- ㈧ 不固执于计划,要适应于变化 /116
- ㈨ 要让目标共有 /118
- ㈩ 领导不可退却 /120

第六章 以人为本的经营

- ㈦ 基于人心的经营 /124
- ㈧ 唯有以信赖为基础,方能同舟共济 /126
- ㈨ 完善规章及制度,杜绝违规和失误 /128
- ㈩ 无论何处,皆要人性化经营 /130
- ㈠ 唯有"可见",才有智慧和干劲 /132
- ㈡ 唯有"心灵"合一,企业的 M&A 方能顺利 /134
- ㈢ 为了员工的幸福而经营企业 /136

目录

第七章 经营，本应如此

- ⑥₄ 克服虚荣心，打造"筋肉坚实的企业" /140
- ⑥₅ 销售最大化，经费最小化 /142
- ⑥₆ 平时的经营要"留有余裕" /144
- ⑥₇ 越是萧条期，越是要挑战 /146
- ⑥₈ 实施玻璃般透明的经营 /148
- ⑥₉ 不被"多买划算"所迷惑 /150
- ⑦₀ 敢于怀疑常识、打破常识，从而实现成长 /152
- ⑦₁ 不争"最佳"，而求"完美" /154
- ⑦₂ 企业需要"明知吃亏也要坚守的哲学" /156
- ⑦₃ 要把纳税彻底视为对社会的贡献 /158
- ⑦₄ 利润取决于"生产方式" /160
- ⑦₅ 定价即经营 /162
- ⑦₆ 滞销库存并非资产，而是罪恶 /164
- ⑦₇ 求利有道，用于利他 /166
- ⑦₈ 理念要愚直地贯彻坚持 /168
- ⑦₉ 贯彻"作为人，应行的正确之事" /170
- ⑧₀ "燃烧的斗魂"与"崇高的精神" /172

参考文献一览 /174
附录 稻盛和夫箴言 /1/6

第一章　爱上自己的工作，拼命努力地生活

WORDS OF KAZUO INAMORI

WORDS OF KAZUO INAMORI 01

所谓天职，皆为自己创造

比起追求自己喜欢的工作，
不如从学着爱上自己现有的工作开始。

大家看到艺术家、音乐家或者娱乐明星时，是不是会心生羡慕，觉得"他（她）能把爱好当职业"。在学生时代，许多人往往会憧憬"将来靠做自己喜欢的事情养活自己"，可绝大多数人在毕业后，第一份工作往往是"自己并不喜欢的差事"。

稻盛和夫亦是如此。在毕业前，他去东京和大阪的名企面试，结果统统被拒。唯一要他的是一家名为"松风工业"（现更名为"松风"）的绝缘子（安装在电线、电杆及铁塔等处的绝缘器具）制造商。可当时这家企业拖欠员工工资是家常便饭，相应的劳动纠纷也很多。与稻盛同时入职的4名同事早早辞职走人，只剩他一人。在那样的状况下，他决定转变心态，一心投入研发工作。

如此一来，他之前极不情愿干的研发工作突然变得有趣，并开始出成果。用他的话来说，要想度过充实的人生，要么"做自己喜欢的工作"，要么"爱上自己现有的工作"，除此之外别无他法。假如您对自己目前的工作不甚中意，但请试着爱上自己的工作。一旦爱上，就能够为之努力和付出。而这会使您的人生进入良性循环。正所谓"天职皆为自己创造"。

WORDS OF KAZUO INAMORI

02

把"只按命令被动完成的工作"变为"主动思考开展的工作"

明天要比今天做得好,后天要比明天做得好。必须具备"天天钻研创新,天天改善改进"的意识。

要想爱上自己现有的工作，其实有个秘诀。倘若只是机械地遵照上司的命令，每天单调重复地完成任务，那当然不可能爱上自己的工作。不仅如此，这样还会产生"为什么自己每天像个机器人一样处理相同事情"的不满心态，结果搞不好会愈发对自己的工作心生厌恶。

稻盛和夫认为，要想爱上自己的工作，就需要在日常工作中添加一份"钻研创新"的要素。比如，可以审视自己目前的工作，思考"有没有更快速高效的方法？""有没有更简单便捷的手段？"，想到点子后，就付诸行动。即便只是看似微不足道的小常识和小改良，只要坚持，先前"只按命令被动完成的工作"就会渐渐转变为"主动思考开展的工作"。而像这样通过创新提升了工作质量后，就会心生价值感，从而渐渐爱上自己的工作。

人们常说"坚持就是力量"，但倘若只是不加思考地茫然持续，则并无意义。在稻盛看来，唯有时常思考"有没有更好的方式方法"，并不断付诸行动去改善、去改良，才能收获卓越成果。

总之，要想爱上自己的工作，关键要每天坚持钻研创新。

WORDS OF KAZUO INAMORI 03

热衷工作,离苦得乐

如感到不顺,就拼命工作,
直到忘记顺与不顺。

稻盛和夫如今自然是众人尊敬的成功人士，可他在创立精密陶瓷的制造企业"京都陶瓷"（现在的京瓷）之前，其人生可谓诸事不顺。中考和高考皆未考取自己中意的学校，毕业就职时也未进入自己中意的公司。好不容易通过教授介绍，结果进的是一家几乎濒临倒闭的公司。正可谓"不顺连连"的人生。

而后来改变他这种"持续挫折"的人生状态的，则是一种近乎"接受和看破"的心境——"与其有空牢骚抱怨，不如埋头研发工作，直至忘记不满"。当时公司的员工宿舍脏污简陋，待在里面只会平添不满情绪，于是他干脆睡在研究室，日夜埋头研发工作，甚至把锅碗瓢盆都带到了研究室里，完全把自己的时间都献给了研发。

人一旦热衷于某件事，就会忘记时间和其他事情。稻盛亦是如此——在埋头研究精密陶瓷时，他的不满情绪烟消云散，心无旁骛地专注于工作。而此举最终创造了卓越成果，他的人生运势也因此而好转。

换言之，当遭遇不顺或挫折时，不如拼命工作，直到忘记顺与不顺。

WORDS OF KAZUO INAMORI

04

今日的努力付出，会开拓未来

今天这一天勤奋努力就可以看到明天，
这一个月勤奋努力就可以看到下个月，
这一年勤奋努力就可以看到明年。

许多企业常常有诸如3年计划、5年计划之类的长期计划。可稻盛和夫创立的京瓷则不同,自创立以来,其从不制订长期计划。如果是小企业还另当别论,可像京瓷这样的大企业居然没有长期计划,似乎与世间的"一般常识"相悖。对此,稻盛的理由是"所谓高瞻远瞩,往往都不靠谱"。

他认为,无论如何预测和描绘未来蓝图,超出预想的环境变化和出乎意料的事态在将来必然发生,此时又要变更计划或降低预期。可这般持续的计划修改变更,会逐渐使员工轻视计划,他们会觉得"反正到时候又要中途修改",从而甚至影响到员工的士气。

既然如此,不如只制订年度计划,并将其细分至每个月乃至每日,然后让员工们全力达成。换言之,今天这一天勤奋努力就可以看到明天,这一个月勤奋努力就可以看到下个月,这一年勤奋努力就可以看到明年。这便是稻盛的思维方式。反之,若只知展望远大梦想,却不知努力在当下,则只能沦为空想家。总之,关键要在当下付出不亚于任何人的努力,一步一个脚印地积累提高。

WORDS OF KAZUO INAMORI 05

从起点就全力冲刺

即使中途倒下,
我也要以百米冲刺的速度坚持奔跑。

有人说"人生如马拉松",这句话包含的意思是"人生漫长,要按照自己的节奏来,时而全力冲刺,时而放慢速度"。可稻盛和夫的理念则不同,自创立京瓷以来,他一直督促自己"持续坚持全力冲刺",从不放慢速度或松懈。其间也有员工劝道"如果不拿捏节奏和分配精力,是没法长久的"。对此,稻盛当时的看法如下:

日本企业的新一轮"马拉松赛"始于"二战"结束之年(1945年),参赛者中既有战前便存在的悠久名企,也有战后诞生的年轻企业。京瓷成立于1959年,因此比起跑在前面的第一梯队,已然落后了"14公里左右"。再加上自身硬件实力并不完善,要想追上第一梯队,唯有不停地全力冲刺。所以只能冲,冲到哪里算哪里。

而当京瓷终于成长为顶尖企业后,其冲刺的速度依然没有放慢。在面临挑战时,倘若一开始就考虑什么"如何拿捏节奏、分配精力",便无法取胜。唯有先全力冲刺,直至精疲力竭,方能收获巨大成果。

WORDS OF KAZUO INAMORI 06

唯有加入经验，方能催生成果

要自己反复试验，经历多次失败，
吃尽苦头之后，才能把问题搞明白。
只有经验与理论完美结合，
出色的技术开发和产品制造才可能成功。

稻盛和夫入职松风工业后，为了研究工作，他每天都要用到一种叫作球磨机的实验器具，用于研磨原料。起初，他百思不得其解——自己明明遵照教程，"三下五除二"地操作粉碎和混合的流程，可实验结果就是不尽如人意。

"这是为什么呢？"——如此困惑的他，一次偶然看见一位前辈技术员在用刷子和刮刀仔细清洗球磨机，然后再用毛巾将它擦净。这与自己每次草草洗净的做法完全不同。前一次实验所使用的粉末哪怕只有细微残留，都会微妙改变后一次实验的陶瓷制品的特性。那位前辈为了杜绝该现象，才会如此认真地彻底清洗。从那以后，稻盛也如此效仿，养成了彻底清洗实验器具的习惯。而这便成就了他日后的研究成果。

可见，即便按照教程或操作手册，实际结果也常常会与理论有出入。所以说，不可只靠学到的"理论"，还要加上实际反复试错所得的"经验法则"，方能创造卓越成果。

WORDS OF KAZUO INAMORI

07

获得周围公认,方为"真正的努力"

关键要做到人人客观认可的
"不亚于任何人的努力",
而不是自己主观认为的"努力"。

大家是不是有这种经历？觉得自己"明明都这么努力了"，但嗟叹"为何还是得不到周围人的认可"。的确，在自身看来，自己的确在努力，但其实人对自己的主观评价往往会过高。比如日本名企"伊藤忠商事"的前社长丹羽宇一郎就曾指出："一个人在做满分为100分的工作时，当其自身给自己打150分的极高分，周围人给其打的分数却往往只有70到80分。"

稻盛和夫重视的理念之一是"付出不亚于任何人的努力"。当稻盛向年轻员工呼吁"要努力"时，年轻员工往往会回答："（我们）在努力。"可这只是自我评价而已。稻盛所强调的"不亚于任何人的努力"，并非单纯主观的自我肯定。唯有让看在眼里的周围人打心里评价道"那个人在付出不亚于任何人的努力"，才算是真正做到了"付出不亚于任何人的努力"。

大家在某种程度上都在努力，可这样的努力有时得不到周围人的认同，产出的成果也不被承认。这时的关键是"不满足于自我主观评价"，而要努力到获得周围人客观认同的程度。

WORDS OF KAZUO INAMORI 08

杜绝差错，追求完美

要想打造真正意义上的完成品，
仅靠 99% 的努力还不够。
必须坚持追求 100% 的"完美"。

文件上的数字有错，就说"马上改"，然后用电脑修改替换。在会议等场合被指出失言，就说"非常抱歉，我收回我的发言"，然后当作一笔勾销。

这些行为看似理所当然，但稻盛和夫却持不同看法。他指出，"一旦发生差错，就像用橡皮擦那样将其擦去，然后重做即可"的态度，只会导致小错屡犯，最终有发生无可挽回的大错之虞。

他认为，在制造产品时，即便倾注了 99% 的努力，可只要有 1% 的小错或者 1% 的偷懒，就会毁掉所有。因此必须坚持追求 100% 的"完美"。

这一点不仅适用于造物，任何工作皆是如此。换言之，要杜绝"失败了修正即可"这种粗枝大叶的随意态度，而应将"完美主义"贯彻于每个细节，才能提升工作质量，实现个人成长。

但所谓人无完人，要永远做到不出差错很难，关键要具备"不轻易容忍差错"的态度。

WORDS OF KAZUO INAMORI 09

顺境是好，逆境更好

苦难和成功，都是对我们的考验。

在创立京瓷之前的20余载,稻盛和夫受苦颇多、挫折不断。可后来回顾这段人生时,由于正是当时的不顺和困顿给了他"不如埋头工作"的启示,从而给他的人生带来了转机,因此他将其视为"最好的礼物"。

他的理由很简单——假如他年轻时一帆风顺地考入名校、入职名企,自己势必就不会是今日的稻盛和夫了。人越是春风得意时,越是容易犯错。不少人年轻时就收获巨大成功,甚至成为"时代宠儿""天之骄子",可之后却由于骄傲自满而犯错,从而一落千丈。正所谓"爬得越高,跌得越狠"。换言之,成功容易让人过度自信,因此顺境给人的考验其实更严峻。

反之,也有像稻盛这样在年轻时遭遇挫折、饱受辛苦,却为了忘苦离苦而全身心投入工作的人。而在如此埋头努力中,他们一点点地收获小成功,最终将逆境变为顺境。从该角度来看,稻盛所言的"苦难和成功,都是对我们的考验"的确在理。为了度过美好的人生,顺境自然是"好"的助力因素,但其实逆境是"更好"的助力因素。拥有这样的心态和意识是关键。

WORDS OF KAZUO INAMORI

10

拼命努力,就会获得神灵的加持

拼死努力,
最后神灵也出手相助。

古人云"尽人事，待天命"。而按照稻盛和夫的解读，这里的"尽人事"是指"拼命努力埋头工作，让自己为之辛苦憔悴的样子令神灵都心生怜悯，从而出手相助、赐予智慧"。他认为，唯有努力到这个份儿上，才算是"尽人事"。

当年还在松风工业工作时，他尝试研发一种名为"U形绝缘体"的绝缘部件。像这种精制陶瓷成型工艺，最大难点是对"黏合物"的选择。当时他找不到最合适的黏合物，于是每天苦苦思索。有一天，他被什么东西绊了一下，差点跌倒。于是看了看自己的脚下，发现前辈在实验中使用的松香树脂粘在了鞋上。

这成了解决上述课题的启示，于是他试着拿松香树脂当黏合物，结果烧制出了完全不含杂质的U形绝缘体。稻盛觉得这是自己坚持奋斗的精神和态度打动了神灵，因此获得了"神助"。后来创立京瓷后，有一次，负责给美国电脑公司IBM研发产品部件的员工陷入困境、一筹莫展，于是稻盛向相关负责人问道："你向神灵祈祷了吗？"他的意思是，要努力到真正"尽人事"的程度，然后就只剩"向神祈祷"了。员工听进去了他的话，于是再度尝试，最终攻克了该难题。

换言之，唯有"努力到极致"，方能获得幸运女神的垂青。

WORDS OF KAZUO INAMORI

11

每日积累,方能提升自我

此刻这一秒的积累就是一天,

今天这一天的积累就是一周、一月、一年。

当意识到的时候,

我们已经登上了原以为高不可攀的山顶。

曾 3 次出征奥运会并在墨西哥奥运会上夺得银牌的马拉松选手君原健二有句名言："一张张薄纸，堆在一起也会成为厚重的书本。"

说起君原的人生轨迹，绝对谈不上是"精英分子"。可当年他在训练时，别人都绕着跑道跑内圈，唯独他坚持跑外圈。与内圈相比，这样平均每圈要多跑 6 米。可正是在这样的日积月累之下，这位原本无名的跑手最终成长为奥运奖牌获得者。

而纵观京瓷的发展轨迹，亦有类似的现象。自公司创立以来，稻盛和夫一直在认真努力过好每一天，并不断对员工强调"要坚持钻研创新，积少成多地踏实进步"。用他的话说，"与昨天的工作相比，哪怕有 1 毫米或者 1 厘米的进步提升也好"。这看似不起眼儿，但却成就了今日的京瓷。

这世上没有一蹴而就速成目标的方法。即便心怀远大梦想，也要着眼当下，认真努力地"过好今天"。只要这般持之以恒，若干年后回头一看，必然会惊觉自己已经进步颇多，到达了相当的高点。

WORDS OF KAZUO INAMORI

12

成功全在于持续不懈、踏踏实实的努力

坚持努力，平凡变非凡。

一些专业物色和发掘职业棒球手苗子的人曾说，一个人有没有打棒球的天赋，他们一下子就能看出来，但对于一个人是否有"愿意努力的特质"，却难以在短时间内判断。一些好苗子虽然天赋异禀，可却不愿努力，最终其才能无法开花结果。反之，如果拥有愿意努力的特质，即便起初水平一般、不太起眼儿，最后却常常能成长为职业棒球手。

稻盛和夫作为企业家，多年来也多次亲临招聘新人的面试现场。有的应聘者能力很强，似乎能够挑起公司未来的大梁；有的应聘者能力平平，唯一的优点似乎是"认真老实"。可在实际入职工作后，前者大多会早早跳槽，一直留在公司的往往是后者。对此，稻盛起初颇为失望，可过了10年乃至20年后，这些留下的人不但成长为能力优秀的"非凡之人"，且人格和见识都变得十分卓越，俨然成为"优秀的管理人才"。从那以后，稻盛如下转变了思想。

成功全在于持续不懈、踏踏实实的努力。

换言之，"持续不懈"能让看似平凡的人变非凡。

WORDS OF KAZUO INAMORI

13

倾听产品的声音

用眼睛去凝视,用耳朵去倾听,
用心灵去贴近。
这时我们才可能听到产品发出的声音,
找到解决的办法。

制造业有"现地现物"和"现地现物现实"的说法。意思是在直面问题时，不可只在案头思考，而要亲临现场，观察现物。唯有如此，常常才能获得所需的答案。

稻盛和夫当年创立京瓷后不久，当时在试制一种新产品时，每次在实验炉中烧制，成品不是这边翘曲，就是那边翘曲。通过反复试错，虽然查明了翘曲的原因，可依然没有解决之策。于是稻盛打开炉上的窥视孔，仔细观察。

结果他发现，随着温度上升，产品就像烤鱿鱼似的，逐渐翘曲起来。此时他不禁心生"把手伸进炉子里去压住产品"的想法。此举自然是不现实的，但他却因此获得了启示。于是他用耐火镇石代替手，把它压在产品上进行烧制，终于做出了没有翘曲的平整产品。

答案往往在现场。如今，每当碰到不懂的问题，大家都倾向于依赖电脑或智能手机搜索。可要想获得真正的答案，还是要亲临现场，倾听产品发出的"喃喃细语"。

WORDS OF KAZUO INAMORI

14

付出不亚于任何人的努力

"拼命努力工作"乃经营的最高要诀。

将京瓷打造为世界级企业,又让自己创立的第二电电(现在的KDDI)走向成功,还成功重建了日本航空(JAL)。对于拥有这般丰功伟绩的稻盛和夫,自然不断有人向他求教"经营的最高要诀"。

为满足一众年轻企业经营者的这般愿望和希求,"盛和塾"于1983年成立。起初该机构只在京都举办活动,塾生也只有25人。之后规模和学员日益扩大,并从日本走向世界。到2019年年底盛和塾闭塾(保留中国盛和塾)时,其在日本国内已有56家分部,在海外有48家分部,塾生总计约15000人。由此亦可见,希望聆听稻盛教诲的经营者何其之多。

而对这些年轻经营者,稻盛经常强调的是"要为事业倾注心血,要为公司和员工尽力尽责,甚至不惜牺牲自我。若无这般奉献精神,就无法成为合格的经营者"。

若问:"你在努力工作吗?"几乎所有人都会回答:"我在努力工作。"可若问:"为了工作,你在付出不亚于任何人的努力吗?"那么大家会如何作答呢?不仅是企业经营,人要在某方面取得成功,相关要素包括才能、运气和贵人相助等。可在这些要素之前,"拼命努力"才是最重要的。在稻盛看来,它乃经营的最高要诀。

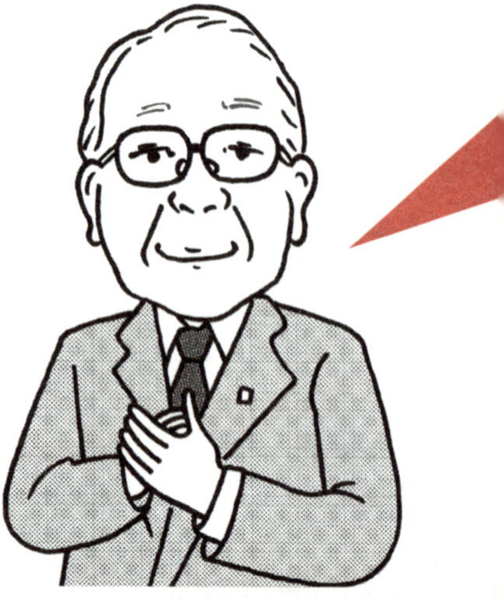

第二章 思维方式改变人生

WORDS OF
KAZUO INAMORI

WORDS OF KAZUO INAMORI

15

改变思维方式,人生将发生 180 度改变

人生·工作的结果 = 思维方式 × 热情 × 能力

关于成就人生的方程式，有来自不同名人的不同版本，而稻盛和夫的版本——"人生·工作的结果 = 思维方式 × 热情 × 能力"，则教诲世人"改变想法能够扭转人生"。

其中的"热情"指希望成事的热情和努力，"能力"指才能、智力、健康和运动天赋等。这两项的数值范围为 0 到 100。且由于是乘积关系，假设一个人能力较强却缺乏热情，另一个人能力较差但充满热情，则后者亦有机会"逆袭"。而且"热情"与"能力"不同，其完全受自身意志左右，因此不管做什么，强大的"热情"都是关键。

而比"热情"更重要的，则是"思维方式"。它的数值范围为 –100 到 100。因此一个人无论能力多高，倘若愤懑仇世、推卸责任、思想负面，其人生·工作的结果也只能是负数。相反，一个人只要积极开朗、思想正面，则其事业和境遇都会朝着正面的方向发展。总之，要想成事，关键要拥有不亚于任何人的热情，以及坚持积极向上的思维方式和处事态度。

WORDS OF KAZUO INAMORI

16

即便小成功，也要表扬自己

有一点小小的成功，
我就会从内心感到喜悦，
我不掩饰这种喜悦，
我要拥有一个乐观开朗的人生。

有句名言叫"要学会表扬自己"。即便在平凡的日常工作和生活中，也要这么做。比如"今天我从一早起就很努力，效率还不赖嘛"。此举能够提升自我肯定和认同，从而激发主观能动性，因此非常重要。

当年在松风工业干到第二个年头的稻盛和夫，经常和高中毕业的助手一起测定数据。每次数据与预测结果一致时，稻盛就会高兴地跳起来。对此，助手一直无动于衷。有一天，助手忍不住说道："总是为一点小小的成功就高兴得不得了，这样为人也太不稳重了。"对于这番"指责"，稻盛感觉被泼了一瓢冷水，但随后立刻如下直言：

"取得成果的感动，激发我新的热情，给予我人生的勇气。在这寒酸的公司坚持埋头研究工作，这份感动至关重要。无论你怎么鄙视我，觉得我轻率欠稳重，我都认为哪怕取得的成果再小，也要单纯率真地高兴。这样人生才能光明开朗。"

即便只是小成功，也大可由衷率真地心生喜悦，自己表扬自己"干得还不错嘛"。这份喜悦，正是开启光明开朗人生的动力。

WORDS OF KAZUO INAMORI

17

成为自我燃烧的人

要想成就事业就必须成为自我燃烧的人。

稻盛和夫认为，就像物体可分为"不可燃物"、"可燃物"和"自燃物"一样，人亦可分为遇火依然不燃的"不可燃型人"、遇火燃烧的"可燃型人"以及自我熊熊燃烧的"自燃型人"。

而要成事，热情洋溢、冲锋在前的"自燃型人格"必不可缺。与之相反，周围人明明干劲火热，可有些人不但不随之被感染和"燃烧"，反而还给周围人泼冷水，这样的人就属于"不可燃型人"。在稻盛看来，这样的人是最令人头痛的。

打个比方，当领导宣布"今年销售额要翻倍"，"可燃型人"会受到感染和鼓舞，并表示赞同："好啊，让我们实现它。"而一直态度冰冷的"不可燃型人"却会罗列一堆"做不到"的理由。比如"虽然您这么要求，可从今年的经济环境来看，这是不可能做到的"等。这种负面态度，什么都无法达成。

但无论怎么说，热情都会被传染。只要有"自燃型人"不顾周围人的反对而带头"熊熊燃烧"，其热情势必能够传达给周围人，最终连"不可燃型人"都被引燃。

WORDS OF KAZUO INAMORI

18

故意承接看似做不到的难题

要把高难度的要求视为提升自我的机会，从而积极接手。

音乐家坂本龙一有句名言:"人不会自己给自己出难题,但别人会。当被要求接手意想之外的工作时,首先要拥抱这种挑战。"在社会上和职场中,不少人都有"被摊上难题"之类的经历。这究竟是被穿小鞋还是被上司看好,具体的确很难判断。但正确的态度应该是"接受挑战,从而历练和提升自我"。

当年京瓷创立后,迎来的第一位客户是松下电子工业公司(现在的 Nuvoton 是中国台湾半导体制造商。其于 2020 年收购了松下的半导体业务)。给订单自然是好事,但其每年都要求各供应商降价,这着实严苛。与京瓷同为松下电子工业公司部件供应商的一些企业对此大发牢骚,认为这是"对下游供应商的霸凌"。可稻盛的看法却不同,他认为这是"对自己的锤炼",因此心怀谢意,并为了应对降价要求而持续优化生产流程等。而正是由于这般努力,数年后,京瓷才有能力承接外国企业的订单。

反之,那些只知牢骚不满却懒于努力的供应商,最终陷入破产之类的悲惨境地。被摊上难题后,是满腹怨气,还是将其视为"锻炼自己的机会",会迎来大不相同的结局。

WORDS OF KAZUO INAMORI

19

经济不景气正是成长的机遇

当其他企业（因经济不景气）灰心丧气时，
只要自己孤军奋斗，
坚持付出不亚于任何人的努力，
以后就会和友商们拉开巨大差距。

既然经济环境和势头是循环往复的,那就必然时而景气,时而萧条。而在萧条时,不少企业都会认为"现在是寒冬,唯有咬牙度过,别无他求",从而进入一种"丧气苟活模式"。然而稻盛和夫却认为"经济不景气正是企业成长的机遇"。

1973年秋,第一次石油危机爆发。在这样的大环境下,就连京瓷的订单都大幅减少。当时行业内掀起了"人员精简"和"让部分员工暂时回家待业"之类的劳动成本缩减大潮,而稻盛则主张"保住员工们的岗位"。面对京瓷当时"业务量减至三成"的现状,他让三成员工应对这三成的业务量。对于剩下的七成员工,稻盛让他们整理和打扫工厂车间。而在下雨天,他还让他们在会议室集体学习《京瓷哲学》,并鼓励他们致力于技术研发和开拓市场和客户。那段日子虽然艰辛,但此番努力最终获得回报——待后来经济逐渐恢复时,京瓷取得了重大飞跃。

经济景气时,企业之间的差距其实不容易被拉开。可在经济萧条时,轻易裁员的企业和努力保住员工的企业,进入"丧气苟活模式"而不积极行动的企业和努力突破困境的企业,它们日后彼此之间会拉开巨大差距。总之,对把危机视为"磨砺自己的砥石"而积极向前的个人和企业,经济不景气亦是一种成长的机遇。

WORDS OF KAZUO INAMORI

20

反省有必要,但苦恼则不必

失败后充分反省即可,然后大可翻过这一篇。

"虽然失败了，可没有懊恼沮丧的闲工夫"——这是本田创始人本田宗一郎的名言。只要尝试全新挑战，失败必然是家常便饭。可若因失败而一味思索如何道歉赔罪或陷入意气消沉的状态，则只会裹足不前。因此本田认为，不要因失败而气馁，而要继续不断尝试挑战。

稻盛和夫也认为"烦恼不同于反省"。当挑战遭遇失败时，有的人会苦恼后悔："早知道那么做就好了，早知道这么弄就行了……"而稻盛则明确指出，只要是"尽力而为"的结果，那么就不必如此烦恼。当然，有必要思考"为何会失败"，并加以反省。但倘若一直陷入烦恼之中，则无法前进。

在充分反省后，就要制订下个目标，然后立即付诸行动。在心中起誓"绝不再犯相同错误"的确重要，但悔恨烦恼则无意义，正所谓"覆水难收"。

总之，与其有空后悔苦恼，不如往前踏一步也好。因为这么做才是"失败乃成功之母"的开端。

WORDS OF KAZUO INAMORI 21

处理事物时心怀善念，才能顺风顺水

对同一件事情，从善意的角度思考，还是从恶意的角度思考，自然而然，两者所导致的结果就会截然不同。

对同样的事物,若方向和角度不同,则看法会不同,这是理所当然。但稻盛和夫进一步指出,善念和恶念,会导致事物朝着截然不同的方向发展。

比如,在与人争论时,一旦心怀"这家伙一直狂妄自大,得让他认输一回"的心态,就会尽抓着对方的不是,拿着放大镜找对方发言中的错误,搞得和吵架一样,这样自然无法收获任何建设性意见。反之,如果能以积极正面的心态看待对方,比如"这人也是在努力解决问题,所以我也出点力吧",双方彼此就能听进对方的话,自然容易得出解决之策。

在旨在以真诚态度讨论日美之间诸多问题的会议"日美21世纪委员会"上,稻盛呼吁与会者们秉着"尊重对方立场"的态度。即"不要只固执己见,还要充分体谅对方的想法"。

在争论中,即便驳倒对方,也并不能解决问题。唯有以善念处理事物,才能取得好结果。

WORDS OF KAZUO INAMORI

22

具备作为抉择基准的原理原则

人生就是判断的积累，就是决断的连续。
没有一个明确、正确的判断基准，
我们人生的结果将完全不同。

常言道，"人生是一连串抉择"。这种判断抉择的积累结果，便是"如今的自我"。而站在歧路时的"抉择方式"则因人而异。

"在自己想到的比赛踢法战术中，我总是选择最难的那种。"——这是曾长年代表意大利国家队出征、被誉为"意大利国宝"的老牌球星罗伯特·巴乔的名言。运动也好，工作也好，是选择最为安逸的选项，还是选择困难的选项，将会大幅影响一个人往后的成长发展。

稻盛和夫认为，即便在工作中，作为迷途时路牌的"人生哲学"亦不可或缺。在人生的各种情景和境况下，人或迷惘，或苦恼，或困惑，此时若具备"人生哲学"，就等于拥有了知道该选择哪条路的判断基准。可假如没有它，人生就成了"到哪里算哪里"的盲猜，一旦碰到挫折，往往就会后悔道"早知道如此，当初选另一条路就好了"。

无论是人生还是经营，关键要具备坚实明确的"原理原则"。如此一来，人生中的"抉择"就有了"品质保障"。

WORDS OF KAZUO INAMORI 23

失败育人

（成功的）原因之一，
就是失败了，我们也不会责怪员工。

工作也好，运动也罢，以前人们常说，要想让年轻人成长，就需要给他们"失败的空间"。可在如今这个"成果主义"蔓延的时代，人人都讨厌失败，也趋于尽量远离新的尝试和挑战。

"要是失败的话，别人对自己的评价会降低""万一捅出大娄子，自己恐怕永无翻身之日"——这种恐惧，正是上述趋势背后的普遍心理。对此，稻盛和夫则明确强调道："员工只要是为公司而做出的尝试和挑战，即使失败，即使因此令公司蒙受较大损失，我也不会予以任何责罚。"理由很简单——他坚信，正是自己"不责难员工的失败"，才有了京瓷今日的成就。

当然，对于轻视工作或准备不足而导致的失败，稻盛自然亦不会放纵容忍。可如果是员工积极为公司发展着想的挑战之举，即便失败，他也不会责难，有时甚至还会在失败后，马上给予该员工新的尝试机会。可见他对上述理念的贯彻之到位。

有位运动员曾说"关键不是'赢或输'，而在'赢或学'"。的确，通过失败，人亦能从中学到许多东西。换言之，"充分压榨失败的价值"正是促使人和企业大幅成长的关键。

WORDS OF KAZUO INAMORI

24

做买卖，九成靠本事

不是那宗生意本身的好坏，
而是商人能否把生意做成功。

哪个时代都一样——既有站在时代前列的华丽行业，也有不太起眼儿的朴实行业。就拿现在来说，以"谷歌、苹果、Facebook、亚马逊这四家互联网科技企业为代表的 IT 巨头风头正劲、成长迅猛，使得许多人对 IT 行业心怀憧憬。可除了这种在聚光灯下的弄潮儿之外，一些持续从事传统行业的老企业依旧在坚实成长。

对于类似的老企业，稻盛和夫高度赞许道："(这些企业)绝对算不上引人瞩目，但这种将平凡的事业做好做大的企业，其实才是真正非凡的企业。"

而在培养企业经营者方面，稻盛曾指出"最好的办法是（让其）去摆个卖乌冬面的夜市移动摊位"。这买卖虽小，可"五脏俱全"——从食材进货、调味手艺到定价策略等，一个环节都不少。而在这些方面下功夫的人，和对这些漫不经心的人，他们之间的一日之差的确细微，可在数年后，差距就会变得巨大。前者可能已从移动摊贩做大到了餐饮连锁，而后者搞不好就倒闭了。

买卖这东西，没有好买卖和坏买卖之分，关键在于是否有能把生意做成功的本事。在羡慕憧憬华丽的行业和企业之前，首先要全力去做自己目前该做的事，这一点最为重要。

WORDS OF KAZUO INAMORI

25

热情源自坚信"自己正确"的底气

动机至善，私心了无。

在面对诸如"进军电信领域"和"接手重建日航"之类的艰难决断时，稻盛和夫总是会扪心自问，是否"动机至善，私心了无"。

就拿进军电信领域来说，当年他面对的对手是业内航母"NTT"公司。作为当时行业"新人菜鸟"的京瓷，要想与NTT正面展开竞争，实属"无谋之举"。即便如此，稻盛依然决定发起挑战，这源于他的纯正动机——"想让日本国内高昂的长途电话费用降下来"。

此外，当时他无数次自问自省——"进军电信领域是不是出于想增加自身财富的念头？""有没有想博名声和出风头的欲望？"而在确定自己没有这些"私心杂念"后，他才最终决定放手去干。后来的事实也证明，稻盛的确如此——他既无个人持股，也没有坐拥身为创始人的财富红利。

而重建日航时亦是如此。在数次自问自己是否"动机至善，私心了无"后，他明确了重建日航的动机——"为日本经济的复苏做贡献"，所以最终才答应接受此重任。

稻盛为何这般执着于"动机"和"私心"的有无呢？其理由是"成大事者，须有莫大热情"。换言之，他相信，这种货真价实的热情并非诸如"想发横财"之类的私心邪念所能赋予，而只能源自坚信"自己正确"的底气。

WORDS OF KAZUO INAMORI 26

不可将才能化为私有

如果我得到了上天所赐予的才能，
那么就只能将这种才能用来服务企业的员工、客户以及全社会。

常言道："能力越大，责任越大。"稻盛和夫不但为了贡献社会而慷慨解囊自己所创造的财富，而且对于自身的"经营才能"亦是如此。他认为，不可把自己的才能化为私有，而只能将这种才能用来服务企业的员工、客户乃至全社会。

反之，假如把收获的成功视为"自身才能所赐"，这种自我本位的思想就会变本加厉——觉得自己赚的钱自己奢侈挥霍亦无妨；对于自己创立的公司，也会觉得"自己大可随性而为"。

对于上述思维方式，稻盛将其定性为"妄把才能化为私有"，并对其进行了严厉批判。稻盛自身亦坦言，因为自己亲手创立了京瓷，且为了办好企业而废寝忘食，所以诸如"自己应该获得更高赞誉""自己应该享受更高待遇"之类的想法，以前也曾掠过头脑。可过了一段时间，他悟到"自己的经营才能是上天所赐"。

于是，他认识到，这份被上天赋予的才能，不能"为自己"，而必须"为社会、为世人"所使用。而这般境界，亦促成了京瓷后来的进一步腾飞。总之，一个人的才能可贵，而至于是用好它还是糟蹋它，全凭思维方式。

WORDS OF KAZUO INAMORI 27

动机纯粹，则无敌

京瓷自创业以来积累的现金有1500亿日元，请允许我动用其中的1000亿日元。

稻盛和夫当时接受重建日航之重任的理由之一，是旨在"反垄断"。而 1984 年他进军电信业的动机，亦是源自对那时电电公社（现在的 NTT）因垄断市场而造成长途话费过于高昂的不满。

当时，日本政府最终决定对民营企业开放之前长期由国企垄断的电信市场。可对于国企改制后成立的"业界航母"NTT，没有企业敢与其竞争。"既然没人去做，那我自己来。"——如此决意的稻盛，当时在京瓷总部召开了临时董事干部会议，取得了用于投资电信业的 1000 亿日元储备资金的动用许可。该决断可谓惊人，因为其主旨并非"为了京瓷"，而是"为了社会"。

对于稻盛的这般决心，SONY 创始人盛田昭夫等企业家当时亦表示赞同，于是第二电电（现在的 KDDI）于 1984 年诞生。其后，JR、日本道路公团、丰田等亦纷纷宣布进军这块市场。与这些"势力"相比，当时业内外一度看衰第二电电。可在稻盛"动机纯粹，则无敌"的一腔热忱的牵引下，第二电电日渐发展壮大。到了 1993 年，其成为一众"新入场者"中的领头羊，并成功上市。

可见，支撑这般卓越"经营力"的，正是稻盛"纯粹的动机"。

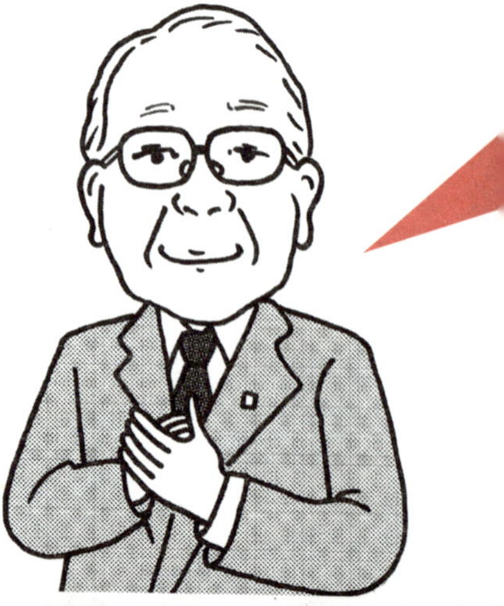

第三章　不断磨砺人格

WORDS OF
KAZUO INAMORI

WORDS OF KAZUO INAMORI 28

每天要反省一次自己的言行

要每天反省。

有的人每天早上或夜晚会对着镜中的自己自问自答，而其中有不少人因此度过了充实的人生。稻盛和夫亦不例外——从年轻时起，他在不断"付出不亚于任何人的努力"的同时，也一直坚持每日"反省"。

用稻盛自己的话来说，他年轻时也曾有傲慢之时，为了抑制这种苗头，他养成了每日反省的习惯。比如在洗脸时，他会对着镜中的自己问道："今天是否有令他人不快的言行？""今天是否有对他人态度冷淡？""今天是否有自私自利的言行？"

如此每天回顾自己当天所言所为，一旦发现有不妥的言行，他就会呵斥自己"岂有此理！""混账东西！"，然后出声反省道："对不起！"他认为，作为人，但凡自己的言行中存在哪怕一丝丝应该反省的部分，都必须立即反省，而通过这样的坚持反复，自身的人格也会得到磨砺升华。

换言之，要想让人生无怨无悔、充满意义，"每天反省"必不可少。而且这是"从今天起便能立即践行"之事。

WORDS OF KAZUO INAMORI **29**

越有才能,越要磨砺出 "与之相配的人格"

成也萧何,败也萧何。

靠自己白手起家,把企业做强做大,受到众人追捧,被称为"时代之宠儿";可在数十年后,其又亲手让自己的企业走向没落;这样的案例并不少。究其原因,曾经引领时代的业务趋于落伍,而先前优秀的企业家的周围也渐渐聚集了一批逢迎拍马之人,让企业家沦为愚蒙的独断独行者。对于这样的企业家,稻盛有如下点评。

"成也萧何,败也萧何。"

稻盛认为,要想把生意做成功,"才能的确不可少",可越是有才能的人,越要磨砺出"与之相配的人格"。若对此懈怠,则"可贵的才能就会酿成大错"。

无论是初创企业的创始先驱,还是老牌字号的复兴之祖,他们既然收获了较大成功,自然具备鹤立鸡群的经营才能。可其中不少人在成功后便思想变节,开始执着金钱、沉湎虚名、争夺权力,从而渐渐丧失判断力,最终扣动了企业没落的扳机。由此可见,越是才能洋溢之人,越要为了"具备与之相配的人格"而持续努力。这一点最为重要。

WORDS
OF
KAZUO
INAMORI

30

知识变成见识,见识变成胆识

重要的是把知识提升到信念、
也就是见识的高度,
然后再将见识变成胆识。

思想家安冈正笃被众多政治家及商界人士尊为"心灵导师",且日本之前的"平成"年号,据说也是出自他的提议。在他看来,要磨炼人性,就需要经历名为"知识、见识、胆识"的3个阶段。

而稻盛和夫的理念亦是如此。他指出,学习的起点是"知识",可倘若只是一味储备"一查即可得"的知识,则只能算个博闻强记之人而已。他认为,关键要"将知识提升为基于牢固信念的见识"。换言之,不可单纯地如填鸭般获得知识,还要通过自身的经验和考察,将"仅仅是知道"的知识提升为"见识"。

可若止步于此,则搞不好只是个"评论家"而已。人生也好,事业也好,需要的是"实行力"。可在现实中,当人在试图推进某项事物时,一旦遭到周围人的反对等,其往往就会以此为由,止于"嘴上说说而已"。

这时需要的是不畏困难、力排众议、坚持信念、付诸实行的"胆识"。

纵观世间的成功者,他们往往并非学识渊博之人,而是具备实行力之人。换言之,要想成事,就必须具备自我激励、鼓起勇气、敢于实行的胆识。

WORDS OF KAZUO INAMORI

31

财富是"暂时替社会保管之物"

我所得的财富,只是暂时替社会保管。
我想尽早将其还给社会。

在美国，在安德鲁·卡内基的发起下，成功人士投身慈善、视财富为"暂时替社会保管之物"的思潮逐渐得到推广。而稻盛和夫当年亦在一个机缘之下，开始致力于用自己所得的财富反哺社会。那是1981年，鉴于对"电子工业新型陶瓷领域发展的贡献"，当时稻盛获得了"伴纪念奖"（该奖项的创立者是东京理科大学已故教授伴五纪先生，他用自身专利授权所得的资金收入创办了该奖项，旨在表彰在技术开发方面做出贡献者。——译者注）的荣誉。对此，他感到"自己不该是领奖者，而应是出资颁奖者"。创立京瓷、大获成功、坐拥财富，这一切当然基于稻盛自身的莫大努力，当时的他对此也颇为自豪。可另一方面，他也认识到，若只凭他一人，便无法收获如此成功，这般成就来自天时地利人和。鉴于此，他开始视自己的财富为"暂时替社会保管之物"。

于是，在与京都大学中关系甚好的教授商量后，稻盛拿出京瓷股份以及现金（合计约为200亿日元的财富），创立了"稻盛财团"，并以尖端技术、基础科学、思想艺术这三个领域为颁奖对象，设立了"京都奖"。其获奖者包括后来获得诺贝尔奖的医学家山中伸弥等世界各国的学者及文化人。可见，若拥有"财富是暂时替社会保管之物"的思想理念，便能达到为社会慷慨解囊的境界。

WORDS OF KAZUO INAMORI 32

不断自问"是否有任何有愧之处"

领导者们更有必要严格自律,
常常反省自己"是否有任何有愧之处"。

一些从创立起一直顺风顺水成长的企业，转眼间却陷入困境。究其原因，其中之一是经营者"价值观"的变化。比如起初凭借"打造卓越产品"一路成长而来的企业，在做大做强后，却开始一味追求"如何赚钱"，从而导致其再也打造不出伟大的产品，最终趋于止步不前。这样的案例有很多。

而在稻盛和夫看来，不少经营者在懂得掌控企业并积累经验后，往往趋于将判断基准变为单纯的"是否能够赚钱牟利"，从而渐渐学会巧妙妥协、各方疏通等心机计谋，试图抄近道、走捷径，并一味追求所谓的"合理"和"效率"，最终与创业时的初心理念渐行渐远。此外，有的经营者一味执着于小我和小集体，认为"要想守护自己的企业、让自己的企业发展壮大，有时即便违背经营理念，也是无奈之举"。

对此，稻盛认为，上述负面典型的经营者一旦横行，则"追求人间正道"的理念就会遭到破坏，从而使组织的核心思想沦为"只顾眼下，只顾赚钱，只顾自己"的虚无主义。

为了杜绝这种现象，领导就需要自问"是否有任何有愧之处"，从而坚持追求"人间正道"。唯有如此，企业才能基业长青，社会也才能健全发展。

WORDS OF KAZUO INAMORI 33

凭借哲学和人生观，全心投入工作

先天的性格加上后天的哲学造就了我们的人格——我们人的精神的品格。

稻盛和夫后来被众人尊为新"经营之神"。当然，所谓"罗马并非一日建成"，他也并非从一开始就是新"经营之神"。孩提时，他是个淘气的孩子王，而在后来的中考、高考和求职时，用他自己的话来说，"从未如愿以偿"，可谓接连失利。

在大学时代，他加入过学校的空手道社团，因此对自己的"功夫"颇有自信。而在求职屡屡受挫时，他甚至一度心生"干脆加入黑帮，做个拥有大学文凭的帮会分子"，其青春时代的挫折和烦闷可见一斑。而在毕业后就职松风工业工作的过程中，他渐渐认识到，"满腹牢骚、一味逃避无济于事"，关键要"爱上自己的工作，并为之专注和投入"，这使他的人生运数趋于好转。

每个人与生俱来的性格和能力各异。可无论多么天赋异禀，倘若"为人哲学"欠成熟，其才能亦无法充分发挥。反之，若具备坚定正确的哲学和人生观，并全心投入工作，即使起初能力平平，最终也能创造卓越成果，乃至成为受人尊敬的人格高尚者。

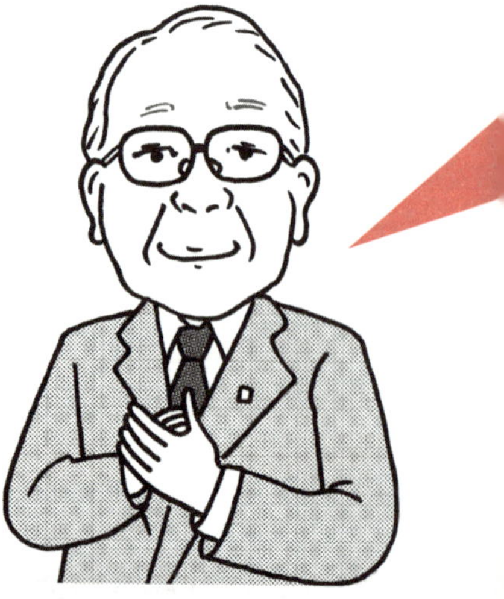

第四章 莫要放弃，人生前途广阔

WORDS OF KAZUO INAMORI

WORDS OF KAZUO INAMORI 34

相信"进步空间",敢于挑战

能"以将来进行时来看待能力"者,
便能克服困难、成就事业。

在京瓷成立初期，稻盛和夫一心想办法增加订单，于是积极揽下技术难度较高的产品或部件订单。

当时，行业内老资格的大牌工业陶瓷制造商林立，因此那些低难度的常规产品或部件的订单，当然几乎都被它们拿下。与之相对，凡是找到当时业内无名的新企业京瓷的订单，往往都是那些大牌企业"因为难做"而推掉的。连老资格大牌企业都觉得困难的活儿，对当时的京瓷而言，更是难上加难。对此，稻盛不断强调"当下的自己虽做不到，但要坚信未来的自己必能做到。要以这样的信念不懈攻坚、解决难题"。而他也的确攻克了一个又一个难题，成功研发出了一件又一件被认为"极难"的产品。而这样的良性循环，最终成就了今日的京瓷。

倘若只依据自己目前的能力来决定"能"和"不能"，则既无法挑战新事物，也无法实现高目标。此外，如果不思挑战、安于现状，则手上"吃老本"的技术和知识最终无疑会落后于时代。

可见，即便当下的自己"做不到"，也要相信自己"通过学习和努力终能做到"。这份态度和精神，方能促使个人及企业实现大幅成长。

WORDS OF KAZUO INAMORI

35

用好乐观和悲观

乐观构思,悲观计划,乐观实行。

自创立京瓷以来，稻盛和夫一直"为他人所不能为"。对于许多在旁人看来"不可能"的任务，他都大胆尝试和挑战。用他的话来说，其成功的秘诀是"乐观构思，悲观计划，乐观实行"。

当想到新点子和新创意时，假如找思想悲观的人商量，那无论点子多好、创意多棒，都会被泼冷水，弄得自己灰心丧气。鉴于此，稻盛在有点子和创意时，会故意找"虽有点马大哈，但对别人的提案兴趣十足且乐于赞同"的人讨论。他认为，在构思阶段，这样的乐观精神更有帮助。

但当构思落实于具体计划时，为了考量失败的风险，就要基于"悲观论"，慎重且缜密地制定计划。而到了实行该计划时，则又要回归"乐观论"，大胆且干脆地付诸行动。

像这样，在思考点子创意和付诸实行时保持乐观，但在制订计划时基于悲观。唯有这般平衡，方能挑战成功。这便是稻盛的经验之谈。换言之，缺乏胆识便无法挑战，但缺乏缜密则会沦为蛮勇。

WORDS OF KAZUO INAMORI

36

真正的成功，就在"绝望"的前方

认为"不行"的时候，
不要认为一切已然结束，
而要将其视为工作的第二起点，
发挥"不成功，决不罢休"的韧劲。

京瓷创立十几年后,当时的稻盛和夫已是受人瞩目的企业家。于是有一次,他应邀前往一家大公司,给该公司的研发队伍演讲。其间,在答疑环节,有人问"京瓷的研发成功率是多少?",稻盛答道"100%"。提问者对此不以为然道"这怎么可能"。对此,稻盛解释道:"在京瓷,研发工作会干到成功为止,所以没有以失败而告终的例子。"此话一出,听众中有人不禁笑出声。

坐拥一流大学毕业的数百名研究人才的大公司都做不到的事,一介新兴企业京瓷怎么可能做到——上述席间的笑声,便是源于这种轻蔑的心态。可这正是京瓷与其他企业的不同之处。在稻盛看来,许多失败者虽然也有付出普通程度的努力,可一旦不见成果,他们就会匆匆放弃。与之相对,成功者则把这样的挫折视为"工作的第二起点",不成功,决不放弃,持续努力,因而最终获得成功。

凡是研发工作和挑战新事物,自然不可能一发即中、立马成功,最初的失败可谓家常便饭。而在面对失败时,是灰心放弃努力,还是坚韧不拔继续,则是失败者和成功者的分水岭。

WORDS OF KAZUO INAMORI

37

唯有"落实到底",目标才有意义

你有种再逃啊,

我拿着机枪,在你后面朝你射击呢。

稻盛和夫说："京瓷的研发成功率是100%。"这豪言的背后，是对目标"不达成誓不罢休"的强大意志。而对于业务规划，他也抱有相同态度。在他看来，当目标完不成时，倘若寻找借口理由（比如"现在经济大环境不好，大家已经很努力了，完不成目标也是没办法的事"），各科室和各部门必然无法进步。在一次会议上，对于没能达成目标的员工，稻盛如下训斥道：

"你有种再逃啊，我拿着机枪，在你后面朝你射击呢。反正前后都是死，你还不如向前杀敌！"

这完全是新选组（日本江户时代末期从属于会津藩的武士组织。——译者注）"魔鬼副长"（副长即"二把手"。——译者注）土方岁三（佐幕派大将，明治维新后，他成为末代武士的代表人物。——译者注）般的威势和魄力。而稻盛之所以把话说到这个份儿上，其实有他的理由。对此，他曾解释道："最初定下的目标达不成，修改后又达不成。这样反复数次，就会害了组织。"换言之，不知赢的要领，却习惯了失败和借口，这样的组织和集体，绝无可能取胜。为了杜绝这种情况，对于既定目标，领导必须具备"誓要落实到底"的斗魂、魄力以及强大的意志。总之，身为领导，随机应变的灵活性的确需要，但有时也必须表现出绝不妥协的气魄。

WORDS
OF
KAZUO
INAMORI

38

故意加码目标

既然觉得销售额提升至两倍很难,
那么干脆就把目标定为四倍增长。

提出充满野心的目标并勇敢挑战。对此，GE（通用电气）公司的原传奇 CEO 杰克·威尔许（Jack Welch）曾有"向着星星做伸展运动"的名言。在他上任之前，GE 公司的总部和业务分管负责人各自制定并提出目标数字，然后往往在二者相互妥协折中，商量出最终的目标数字。对此，威尔许批判道："这是优先妥协、放弃梦想的行为。"并要求员工们制定和提出"即便拼命努力也似乎达不成"的宏大目标。

而稻盛和夫提出的目标更大。有一次，他召集各销售部负责人开会。其间，他提出"要让销售额倍增"。这在当时的京瓷可谓"闻所未闻"。对此，虽然有人表示赞同，认为"按照目前的势头，倍增并不难达成"，但不难想象，也有人胆怯道"这可不容易啊"。

对于会上的胆怯者，当时稻盛说道："如果觉得倍增是个困难的目标，那么就干脆加码到 4 倍。这样一来，目标的一半总还是完得成的吧。"换言之，既然要定目标，就不要畏畏缩缩地定什么"比去年增加 5%"之类的小目标，而应制定让旁人怀疑"这能行吗？"的大目标。用这样的目标逼自己勇敢挑战，方能成普通人不能成之事。

WORDS OF KAZUO INAMORI 39

一旦定下目标，就要坚决宣布

我们一定要成为原町第一的公司。

成为原町第一后，目标就是西之京第一；

成为西之京第一后，目标就是中京区第一，接下来是京都第一，实现了京都第一，还有日本第一；

成了日本第一，当然要做世界第一。

本田创始人本田宗一郎有一件逸事为人所知。当本田总共还只有 50 名员工时，他就对员工们豪言道："别只想着成为日本第一的车企，我们要做世界第一。"而稻盛和夫亦类似。1959 年 4 月 1 日，京瓷成立，当时员工数只有 28 人，从同样位于西京原町的宫木电机公司那里借用了仓库，充当成立仪式的会场。而就在晚间的成立仪式上，稻盛提出了"成为世界第一"的目标。

　　对于刚成立的企业，该目标着实太过遥远。仅仅拿当时的中京区来说，就有历史悠久的老牌企业"岛津制作所"，因此对于"成为中京区第一"的目标，就有员工嘲笑道："（咱们）怎么可能超过岛津制作所？"但稻盛依然不断强调："京瓷早晚能做大做强到轻松超越那些大企业的程度。"做"成为日本第一"的梦并不要钱，但倘若连梦都不做，不把梦想大声说出来，就永远无法接近梦想。因此他当时一有机会就把"成为日本第一，成为世界第一"挂在嘴边，最终使得全体员工渐渐接受和相信了这般宏大的梦想。

　　换言之，一旦树立目标，就不要怕被嘲笑，而要大胆地广而告之。这能鼓励自我和周围人，从而成为实现目标的力量。

WORDS OF KAZUO INAMORI 40

"不言实行"不如"有言实行"

公开说了，就没有了退路。

不给自己退路，就是逼着自己必须真干。

比起"有言实行",日本人更偏向于"不言实行（只做不说）"。记得以前有支广告的宣传语是"男儿沉默是金",意思是"男子汉平时话不多,但该出手时就出手"。当然,"该出手时就出手"是好事,可在日本人中,也不乏有人基于"万一做不到就丢脸了"的消极理由而特意不表明目标。对此,稻盛和夫认为,"不言实行是给耍滑头开绿灯"。此话的确在理。打个比方,如果在年初宣布销售额和利润目标,最后一旦完不成,就必须谢罪;可如果没把目标明确说出来,无论最终业绩结果如何,都能说"自己已经很努力了",从而蒙混过关。而稻盛的意思即"这种滑头态度是不行的"。

鉴于此,在经营企业时,领导要明确宣布目标方针。一言既出驷马难追,自然不得不做。通过这种逼自己退无可退的方式,能够激励自己竭力达成目标。如果依然未能达成,则大大方方道歉检讨即可。领导具备这种率真的态度,才能激励员工士气,让"有言实行"成为整个公司的企业文化。

WORDS OF KAZUO INAMORI

41

所谓努力，即认真思考

努力并非不动脑筋地一味使蛮劲，而是指努力思考如何达成目标、如何具体去做。

有句话叫"上天不负苦心人",但有的人虽然付出努力,却无法收获理想成果。对此,野村克也(日本著名棒球选手及教练,生前留下不少名言。——译者注)曾指出,努力也分"正确的努力"和"错误的努力",若是后者,则无论怎样持续努力,也无法出成果。

而稻盛和夫的看法也与其类似,他明确强调"努力并非不动脑筋地一味使蛮劲"。他还进一步指出关键点——一旦有了好点子,就应该立即实行,一开始势必不会一帆风顺,然后就要进一步思考,接着进一步实行,通过如此循环,势必能想出好点子,最终达成目标。这便是稻盛所说的"努力"。

在该过程中,有时或许会灰心绝望,说出"已经没戏了吧"之类的丧气话,此时必须调整心态,相信"坚持到底就是胜利",并进一步思考方法对策,然后付诸实行。这般反复循环,才是"真正的努力"。而不懈于如此努力者,方能收获成功。

总之,努力不是不动脑筋地一味使蛮劲。唯有不断坚持"烦恼、思考、实行"的提升式循环,才称得上是真正"在努力"。

WORDS OF KAZUO INAMORI 42

描绘梦想要直至"看见结果"

深思熟虑到看见结果。

宝丽来（拍立得）相机的发明者埃德温·兰德（Edwin Herbert Land）曾说："（宝丽来相机）的形态特征早已在我脑海中，仿佛在我发明它之前，我就曾见过它一般。"从他的这句话可以推测，在该相机尚未研发完成之前，他就清楚"看见"了"其应有的形态和功能"，而这也是他能发明它的原因。

再看稻盛和夫，当年他决定让自己创立的第二电电（现在的KDDI）着手移动电话业务（现在的au）时，他坚信"未来是移动电话的时代"，可当时周围几乎没人相信。那为何当时稻盛就如此肯定地"押宝"呢？用他自己的话来说，是因为当时他对移动电话未来的普及速度、价格区间和设备尺寸等都已然"清楚看见"。

这既非预言，也非灵力。通过京瓷所涉及的半导体部件业务，稻盛早就正确预测到了技术的未来走向，在此基础上对移动电话业务深思熟虑后，诸如"月租费是多少""话费怎么收"等细节，他都有了清晰的预测和洞见。

要描绘梦想，就要时时刻刻思考。一旦深思熟虑到"看见结果"的程度，则梦想必会实现。

WORDS OF KAZUO INAMORI

43

要当个"敢于冒险的外行"

"创造"属于外行,而非专家。

纵观过去，创造革新常常来自外行。贝索斯当年在创立亚马逊之前，曾为了学习自己未知的书店经营而去听相关的入门讲座。其间，他提出"网上卖书"的想法时，受到的是周围人的嘲笑奚落——"你这个电脑宅男，尽管去瞎折腾吧"。可出版业的剧变，就在之后的短短数年内发生了。可见，在书店零售从业人员眼中理所当然的运作模式，在作为外行的贝索斯眼中却充满了问题和矛盾，他也因此察觉到了网上书店的商机。

而用稻盛和夫的话来说，创新者往往是不受桎梏、敢于冒险的"外行"，而非在相关领域经验厚重、熟知前例及常识的"专家"。就拿稻盛本人来说，他在大学时的专业是有机化学，而非涵盖工业陶瓷领域的无机化学。但也正因如此，他才能不为固有概念所累，实现"自由畅想"。

总之，专业知识的确不可或缺，但正如"回归初心看事物"这句话想表达的意思那样，有时知识、常识和经验反而会成为枷锁。关键要认识到这一点。

WORDS OF KAZUO INAMORI 44

以不屈不挠的斗志，
让"念想"成真

人之行动，始于"心念"。

稻盛和夫曾坦言，无论是创立京瓷、KDDI还是后来拯救JAL（日航），他最初并无笃定成功，有的只是一种"念想"。而基于"无论如何都要实现该念想"的不懈努力，最终才得以成真。

对于如今的年轻人，经常有人批评道"不要凭一时之念而信口开河"。但在稻盛看来，这"一时之念"正是发现和发明的原动力所在。

伊隆·马斯克是全球火箭研发和电动汽车领域的弄潮儿，在当年他还是高中生时，就已抱有"用可再生能源拯救世界"和"移民其他行星"之类的想法。对绝大多数人而言，这样的年少幻想在长大后也就忘了，可马斯克却真的在一步步付诸行动——先是只身从南非移民到美国，然后创立了数家公司，取得了一定成功；接着凭借因此所得的资本，创立了SpaceX火箭公司和特斯拉汽车公司，并在克服各种艰苦和挫折后，才取得了今日的辉煌成功。这正是稻盛口中"以不屈不挠的斗志，让'念想'成真"的典型榜样。

人之行动，始于"心念"。关键在于不要把这"心念"视为"不可能实现的空想"，而要持续怀揣它，并通过不懈努力，使其成形，最终成功。

WORDS OF KAZUO INAMORI 45

今后的努力,能够改变未来

今日成果,是过去努力之结果;
至于未来,则取决于今后的努力。

在企业经营方面，稻盛和夫主张未雨绸缪——在经济环境良好时切实创造利润、完成纳税、确保现金流，从而在经济不景气时亦能从容应对。换言之，在他看来，无论经济景气与否，唯有过去的积蓄积累，才有当下的生存发展。

人生亦是如此。考入好大学也好，入职好公司也罢，这都是"过去努力"的结果。这当然值得引以为傲，可人生长路漫漫、考验频繁，倘若躺在过去的成绩上睡大觉，往后可就麻烦了。

当年，在对新入职京瓷的员工们训话时，稻盛首先会强调"人生的目的在于为社会、为世人尽力"，接着他会指出"应谦虚不骄"，并要求员工们时刻自诫——"今日成果，是过去努力之结果；至于未来，则取决于今后的努力。"

当年，无论是升学还是求职，稻盛都事与愿违。但他在面对如此挫折时，最终决定改变思维方式，依靠努力开拓未来。换言之，对于今日的结果，不要因其优秀而骄傲自满，也不要因其惨淡而灰心嗟叹，而应放眼未来、相信未来，拼命努力。唯有如此，未来才会辉煌。

WORDS OF KAZUO INAMORI

46

不要跟随潮流，而应创造潮流

接下来想做的事，

应该是别人认为我们不可能做到的事。

在看待成功者时，人们往往会一味关注其耀眼瞩目的成果，而忽视其为了创造该成果所经历的艰难困苦。就拿稻盛和夫的巨大成功来说，当时有人揶揄道"京瓷是恰巧站在了工业陶瓷发展的风口""（稻盛的）成功是运气好而已"。对此，稻盛曾充满自信地回应道："我们是工业陶瓷潮流的缔造者。"

早在就职于松风工业时，稻盛便成功合成了名为"镁橄榄石"的新型工业陶瓷材料。这在当时的日本是第一人，在全球也是仅次于GE公司的第二个，因此实属壮举。而在创立京瓷后，他接到了大量来自IBM公司的IC（集成电路）用基板的生产订单。究其原因，是因为京瓷当时虽然还只是一家小企业，但其技术实力已颇有口碑。所以行业内对他给予了高度评价："要是没有稻盛，也许就没有当时全球的工业陶瓷潮流。"

可见，稻盛一直走的并非"人人想得到、人人都在走的常识之路"，而是"人们不走的荆棘沼泽之路"。而凭借不亚于任何人的努力开辟出这条新路的，正是稻盛和京瓷公司。换言之，潮流不是跟随的，而应是自己创造的。

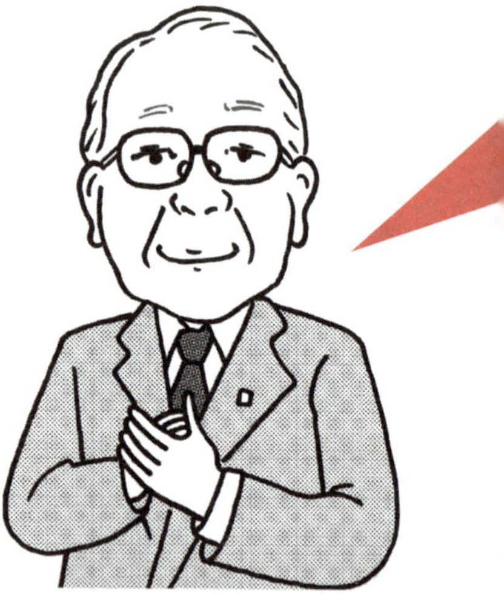

第五章

WORDS OF
KAZUO INAMORI

称职的领导

WORDS OF KAZUO INAMORI

47

热情热语，打动下属

身为领导，无论对方愿不愿意听你讲话，
都必须循循善诱，
把自己的信念向下属娓娓道来，
并最终使其信服。

刚就任管理职位的人往往有个误区，认为"下属理应按照上司的指示行动"。的确，敢完全无视上司指示的下属不多见，但若因此觉得"只要下达指示，一切就会如意推进落实"，那就错了。要让人为己所用，不仅要凭权力和权限，还要靠理解、信服和信赖。

就拿稻盛和夫来说，自创立京瓷起，每有机会，他就会向员工们阐释自己的信念。哪怕在后来重建日航时，他也秉承这样的态度——以干部和基层领导为对象，多次召开为时3小时的研修会，并深入基层现场，对员工们讲话。通过这般坚持，起初把他的话当耳旁风的员工，也渐渐受到感染，觉得"(稻盛的话)好像有道理"。最终成功扭转了全体员工的想法，让他们真正认识到"公司属于自己、属于大家，所以必须全力以赴"。而这正是稻盛在短短3年内便成功重建日航的原因。

沟通的成败，既在质，也在量。身为领导，应该不厌其烦地坚持强调自身信念。唯有如此，下属才会信任领导，并甘愿尽心尽力。

WORDS OF KAZUO INAMORI

48

领导应不断阐述工作的意义

不能单纯地做执行命令的"机器人",
每名员工都必须理解工作的意义,
并发挥主观能动性,否则无法出成果。

对于自身工作意义的认知,会在很大程度上左右自己的工作方式和态度。而稻盛和夫当年毕业入职松风工业后,从事的是工业陶瓷的研发工作,由于和陶瓷粉末打交道,因此"每天和粉末作斗争,搞得全身满是粉尘、泥巴和汗水,近乎工人的体力劳动"。

稻盛起初对此感到沮丧——"大学毕业生,居然天天搞得一身粉尘",而他的助手们当时亦态度消沉。而在坚持了一段时间后,他转变了想法,认识到"若无实践,便无法弄清工业陶瓷材料的本质。这般平凡朴素的研究,才是真正的学问,也是造出卓越产品部件的必经之路"。他还不断把自己的这种想法阐述给助手们,最终促成了重大成果。

打那以后,不仅对研发人员,包括负责实现量产化的员工在内,他都谆谆教导,阐述打造出卓越产品部件的意义,从而促成大家团结一心。工作辛苦、工资待遇不高……这类负面理由容易使人失去"自豪感",进而讨厌自己的工作。此时,领导的关键职责在于告诉员工"任何工作皆有崇高意义",让员工心生"自豪感"。换言之,唯有正确理解自己工作的"意义"所在,才能取得成果、获得成长。

WORDS OF KAZUO INAMORI 49

比起自己，领导应以伙伴为优先

若不具备优待伙伴的意识，
则无人会追随你。

不少人小时候通过与小伙伴的玩耍嬉闹，学到了做人的道理，稻盛和夫亦是如此。他在小学时，是周围街坊的七八个同龄小孩的孩子王。当时是日本的战前时代，战争氛围已经很浓，男孩子们经常玩打仗游戏，游戏时要决定谁演友军、谁演敌人，而稻盛当时便已开始充当定夺的领导。当然，小伙伴们之所以听他的话，是有其缘由的。

当时玩耍好后，只要稻盛带小伙伴到自己家做客，他母亲就会端上满满一盘的柿子和蒸红薯。此时的稻盛会先让小伙伴吃饱吃好，之后有剩下的才自己吃。"若不具备优待伙伴的意识，则无人会追随你"——这便是他儿童时代学到的做人道理之一。而在后来创立和经营京瓷时，他亦是如此。对此，他还曾阐述如下。

"要视己为空、自我牺牲，并优先考虑员工。比如比员工更努力地对待工作；或者在下班后自掏腰包，请客犒劳下属……这些都是关心关怀对方之举。"

比起自己，领导应以伙伴为优先。唯有如此，才能打动人心。

WORDS OF KAZUO INAMORI

50

领导在思考问题时，应把自己放在次要位置

身为一个集体组织的领导，
切不可太爱自己。

"凡领导者,应吃苦在前,享受在后。"——这是伊藤忠商事("商事"即贸易公司。——译者注)的原社长丹羽宇一郎的名言。可在现实中,许多领导的作风恰恰相反。

稻盛和夫的观点亦类似。他指出:企业家倘若在公司取得成功后飘飘然,误以为"一切全凭自己的才能",就会奢靡挥霍;一旦之后公司陷入危机,其就会只顾确保自身利益,然后匆匆跳船跑路。因此他的结论是,如果企业家或领导是这种自私自利者,则会给下属带来不幸。

若一个人从事独自可做、独自完结的工作,那么自私自利也就罢了。可若一个人当上了一个政治团体或经营组织的领导,就不可太爱自己,而必须"把自己放在次要位置,优先考虑集体"。这便是稻盛的"领导观"。

历史名人西乡隆盛是稻盛的老乡,也是稻盛一生敬仰之人物。而在领导品格方面,西乡亦留有名言——"不惜命、不图名、亦不为官位、钱财之人,困于对也。然无困于对者共患难,国家大业不得成也"。换言之,稻盛相信,像西乡这种"没有私欲"的活法,方为成为合格领导的条件。

WORDS OF KAZUO INAMORI 51

如西乡般热忱，又似大久保般冷静

在事情的开始阶段，必须用理性思考。
在实际执行阶段再融入情感因素。

西乡隆盛和大久保利通都是鹿儿岛人,且同为明治维新的核心人物。但在鹿儿岛,人们对这两位本地历史名人的看法截然不同,不少人认为"是大久保逼死了西乡"。众所周知,稻盛和夫对西乡一向非常敬仰。但他也曾坦言:"企业经营者,要充满人情味,但有时也必须严厉到冷酷的程度。"鉴于此想法,他后来亦开始学习大久保的思想。

干事业时,若单纯基于感情判断、乘着感情行动,有时会搞得局面不可收拾。但若因此而一味理性判断、理性行事,则难以得人心、被追随。换言之,既不可成为"只重情"的西乡,也不可成为"纯理性"的大久保。唯有兼具西乡的热忱、重情、重义和大久保的理性、冷静、透彻,才能顺利成就一番事业。

当年稻盛衣锦还乡时,在公开演讲的场合强调"需要大久保般的理性、冷静、透彻"时,据说有的听众皱起眉头。但他一直坚信"关键要在最初阶段理性思考,而在实际应对中动之以情",立志协调融合二者的特质。换言之,唯有切实做到"情理有序",领导才会有人追随,经营活动也才能顺畅。

WORDS OF KAZUO INAMORI 52

领导要凭借自身行动,用"背影"默默教育和感染下属

要真正打动人,不能靠三寸不烂之舌,而要靠率先垂范、以身作则。

有句话现在似乎不流行了，以前对于上班迟到的人，大家会揶揄其为"干部出勤"。这当然只是一种讽刺，但也体现了"职位越高往往上班时间越随意"的现实。

可以想象，若是这样的干部或领导，不管唠叨什么思想方针，下属也不会为之所动。所谓打动人，即要把话说到对方心里去，激励对方的干劲。而稻盛和夫认为，领导为此要凭借自身行动，用"背影"默默教育和感染下属。

这里的"背影"，即领导平日点点滴滴的所作所为。比如，领导每天头一个到公司，时刻把事业和企业放在心上，且包括日常对于工作的态度以及推进方式在内，都率先垂范、以身作则，比谁都努力。

目睹领导的这般精神和态度，下属们自然会心想"领导都这么拼命努力，自己也要加油"。

可见，天花乱坠、巧舌如簧并不灵，关键要靠日常的实际行动。换言之，唯有依靠"背影"默默教育和感染下属，才能激励下属，转变下属的行为模式。

有句话说得好——上司要看透下属并不容易，而下属参透上司、看人下菜却只需3天。

WORDS OF KAZUO INAMORI

53

领导不可用谎言来逃避问题

既然有勇气辞职,
为何没勇气信我?

在京瓷创立的第 2 个年头，稻盛和夫新招了 10 名高中应届毕业生。过了 1 年，总算大致掌握了业务技能的他们，居然拿着按了血手印的血书，找到稻盛，要求保障他们将来的待遇。当时的京瓷还是资历尚浅的小公司，为了让公司存活，大家拼命努力，因此稻盛当时并无拍胸保障员工将来待遇的自信。

当然，满口答应并不难，可若日后无法兑现，便成了谎言。而稻盛并没这么做，他和那 10 名员工促膝长谈了三天三夜，最后对他们道出决心："既然有勇气辞职，为何没勇气信我？我会押上性命，为大家守护这家公司。"

那 10 名员工最终表示理解，留了下来。但此时让稻盛痛切感受到了经营企业的不易，并使他立下了京瓷的"经营理念"——为实现全体员工在物质和精神上两方面的幸福，同时为人类社会的进步发展做出贡献。之后，员工把京瓷视为"自己的公司"，以"当家人"般的立场和态度，拼命努力工作。

可见，领导即便被局势所逼，也不可用谎言来逃避问题，而应秉着诚心诚意的态度处理应对，才能拨云见日，柳暗花明。

WORDS OF KAZUO INAMORI **54**

不固执于计划，要适应于变化

一旦觉得"可行"，就即刻行动。
如果之后再次思考，发现"之前有误，
应该修正"，则向下属道歉，并立即修正。

"阿米巴经营"是京瓷的一大特色。它是稻盛和夫旨在实践自己的经营哲学而发明的一种基于"小集团独立核算制"的经营手法。而为了让其发挥效果，则需要顺应市场变化。

为了应对市场变化，组织体制自然也需灵活机动。可纵观世间，不少企业领导以"计划不可随便更改"为由，不懂变通地"坚持既定计划不动摇"。其结果导致计划与市场实际情况渐行渐远，从而造成问题。可见，计划的确必要，但亦不可被其过度束缚。

有一次，京瓷某个部门的领导向稻盛请示，希望"从下个财年期起更改自己分管的组织结构"，而稻盛则指示道"从下个月起就更改吧"。可见他对"随机应变"的重视。有时，领导拼命思考并制订的计划，在实施途中却发现有不合理之处。此时领导倘若觉得"自己定下的方针要改，自己的脸往哪儿搁？"，从而迟迟不修正方针，则会导致问题日益严重。

鉴于此，关键要在发现有误后敢于承认，并迅速修正。换言之，为了达成目标，有时必须快速地随机应变，即便被人嘲笑"朝令夕改"亦在所不惜。

55

WORDS OF KAZUO INAMORI

要让目标共有

所谓经营目标,就是产生于经营者的意志。
面对这个经营目标,
全体员工能不能认同、能不能发出"那就让我们一起干吧"这种共鸣,
就变得非常重要。

在稻盛和夫看来，企业要想发展壮大，就需要树立高远的经营目标，并对此"彻底执行"。换言之，即便目标再远大，若无法达成，则毫无意义。不仅如此，这样的反复最终还会使得员工蔑视经营目标，觉得"反正达不成"。

那么如何才能彻底执行经营目标呢？对此，稻盛指出——首先，员工不可能自己给自己制定"折腾自己"的高目标；为此，领导需要亲自制定并宣布经营目标。可若止步于此，则员工依然不会予以重视，反而会抱怨"社长又在刚愎自用了"。所以说，将"经营者的意志"落地为"员工们的意志"的努力不可或缺。

为此，稻盛在"贴近员工"方面非常用心，他经常与员工们共饮共食，并站在他们的立场，与他们深入交流。他还会不厌其烦地反复阐释自己的想法，直至能从下属的表情中读出"这人应该听进去了"的信号为止。

正是由于他的这般努力，在京瓷，目标才会成为"大家的共有之物"。

WORDS OF KAZUO INAMORI

56

领导不可退却

要告诫自己,
至少在下属面前不可流露胆怯之情,
这是不可让步的底线。

日本著名职业棒球教练野村克也曾说,"教练的想法,教练的内心,即便不付诸言语,队员亦能感知"。

野村的意思是,教练如果麻痹大意,即便不加言语,队员也能察觉教练的麻痹情绪;同理,教练的怯弱和焦躁,亦逃不过队员的感知。正因为如此,教练必须时刻积极进取,乐观开朗。这便是他的执教心得。

职业棒球界的日常是一决胜负的赛事,而商界的日常亦包括各种困难。在面对困难时,企业经营者有时会心生怯意,或趋于回避棘手问题,但在稻盛和夫看来,这正是考验领导的觉悟之时。

在困难面前,倘若领导胆怯,则原本有志直面困难的员工也会气馁逃避。鉴于此,在遭遇困难时,领导切不可寻找借口或一味逃避。

身为领导,哪怕此时内心恐惧,也要虚张声势,展现出"毫不退缩"的勇气。

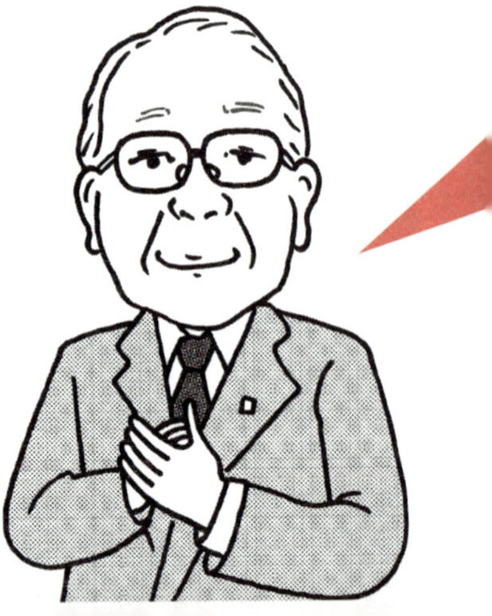

第六章

以人为本的经营

WORDS OF
KAZUO INAMORI

WORDS OF KAZUO INAMORI 57

基于人心的经营

人心虽然善变,
但一旦能够与他人在心灵上结下牢固的纽带,
那么就再没有比这种纽带还要牢不可破的
关系。

人们常说，要想事业成功，"人、物、财"三者缺一不可。大企业另当别论，可对小企业而言，这三者往往都欠缺。就拿稻盛和夫当年创立京瓷来说，情况亦不例外。

虽然当时有时任宫木电机专务的西枝一江等人尽力相助，解囊给予成立京瓷所需资金，但其数额绝对谈不上"充裕"。此外，京瓷当时既无高端技术人员，也无完善的生产设备。稻盛当时拥有的，是一起从松风工业辞职而跟随他的7名志同道合者。鉴于此，稻盛决定基于可信赖的伙伴，开展企业经营活动。

公司员工在企业顺风顺水时会表态"追随企业和领导"，可一旦其他公司开出更诱人的条件，有时亦会跳槽走人，可见"人心易变"。但只要领导愿意信任员工、努力善待员工，员工亦会心生诸如"还是跟着这位社长好"的认同感和归属感，从而建立起一种非常牢固的心灵纽带。

用稻盛的话来说，"要啥没啥"的中小企业，唯一能有的是"人心"。但只要重视人心、团结员工，中小企业亦能变得异常强大。

WORDS OF KAZUO INAMORI

58

唯有以信赖为基础，方能同舟共济

不信任员工，

何谈企业经营？

2010年，稻盛和夫就任陷入经营危机的日航的会长。当时，舆论普遍唱衰日航，认为"任谁都无法重建它"。可就在短短3年间，稻盛成功重建了日航。不过在该过程中，面对官僚主义深入骨髓的日航，为了转变其企业体制和文化，他也遭遇了重重困难。

其中的一大困难是处理与日航工会的关系，该企业竟有8个工会组织。对此，稻盛提出了"公开透明，实事求是"的思想，旨在推进经营层与广大员工之间的信息共享，结果遭到了经营层的强烈反对。经营层的理由是，倘若把与经营相关的数字告知普通员工，不但有信息外泄的风险，日后还会成为员工发起劳动争议时可利用的把柄。对此，稻盛当时反驳道："不信任员工，何谈企业经营？"

上司若藏着掖着，对企业经营信息不愿公开，则下属会心生不信任感。反之，如果上司能正确如实地公开信息，则基层不用等待上司的一一指示，也能独立思考、合理行动。而稻盛便是在强调劳资双方信赖的重要性，即"若无信赖，则无重建"。而纵观日航的重建轨迹，可知他所言真实不虚——通过积极公开信息，企业的劳资双方逐渐同心同德，从而开始一步步推进重建。换言之，唯有以信赖为基础，方能畅所欲言、同舟共济。

WORDS OF KAZUO INAMORI

59

完善规章及制度，杜绝违规和失误

"不让员工犯罪"的善的信念，是经营者不可或缺的意识。

在知名的丰田生产方式中，有一大理念是"不断改善体制，直至员工想犯错都犯不了"。丰田生产方式规定，一旦出现错误操作，生产线就要暂停，并调查导致错误的真正原因。但其并不旨在叱责犯错者或苛求员工保持超乎正常的专注力，而是为了不断改善既有体制，直至"员工想犯错都犯不了"的程度。

而稻盛和夫亦有异曲同工之妙。针对京瓷的各项工作，他命令多名员工或数个部门参与确认检查，即"双重确认"制度。至于其目的，用他的话说，即"保护员工们不被人性的弱点所害"。俗话说"人有时会鬼迷心窍"，比如为了美化当月业绩而造假数字，或为了粉饰效率而捏造数据，甚至因为贪念而打起公款的主意。

自创业以来，稻盛一直秉承"以心为本的经营"。而也正因为如此，为了不让员工由于一时糊涂而作奸犯科，他一直致力于打造和贯彻"多重确认检查，防止违规失误"的管理体系。

换言之，不是怀疑员工，而是正因为信赖员工，才要构建让员工绝无可能违规或失误的体制。

WORDS OF KAZUO INAMORI 60

无论何处，皆要人性化经营

并非一定要追求美国模式或日本模式，只要人性化模式就行。

日企在美国等国家投资办厂时，常常会在工厂运营方面碰壁，其主要原因是员工工作方式和文化的差异。1968年，以来自IBM方面的订单为契机，京瓷的出口量激增。于是乎，京瓷先是在洛杉矶设立办事处，然后在1971年收购了仙童半导体公司的工厂，开始了当地生产。工厂起步时规模较小，其总共才30名员工，其中5名日本人。

起初并不顺利——生产迟迟迈不上正轨，工厂运营持续赤字。究其原因，便在于劳动习惯的不同——京瓷的技术人员积极深入现场；可美国的技术人员却只坐在办公室里发号施令，哪怕现场出现问题，也照样准时下班回家。

对此，稻盛和夫当时做好了关厂的心理准备，但5名常驻的日本员工对他说："一定会让工厂成功。"在他们的热情和决心之下，稻盛答应让工厂继续运作。

最终，这5人拼命工作的精神和态度，潜移默化地转变了美国本地员工们的意识。换言之，社长和上司身居一线、奋斗在前的"京瓷工作风格"，渐渐感染了大家。在全员的努力之下，工厂被京瓷收购大约2年后，首次扭亏为盈。

此事令稻盛感慨至深。用他的话来说，"并非一定要追求美国模式或日本模式，只要人性化模式就行"。

WORDS OF KAZUO INAMORI 61

唯有"可见",才有智慧和干劲

若不告知经营的实际情况,
即便叫下属负责,也是徒劳。

丰田生产方式的理念之一是"不可见，无智慧"。当生产现场出现问题时，哪怕问题再小，丰田也会暂停生产线。其主旨就在于让问题对全员"可见"。一旦看到问题、认识问题，就会为了解决或杜绝问题而开动脑筋、激发智慧。反之，倘若不见问题，便无法激发智慧，也无须激发智慧。

再看稻盛和夫，他在京瓷推行的"阿米巴经营"的特征之一，便是"玻璃般透明的经营"，即"企业经营状况对全体员工公开"。世间绝大部分的企业家和经营者一直在督促员工"多提升销售额""多创造利润"，但至于公司实际的销售额、费用支出和利润等具体数字，他们却往往藏着掖着，不愿全盘告诉员工。

如此一来，即便对员工疾呼"公司不妙，要更努力"，员工也会觉得"事不关己"。而稻盛之所以采取"玻璃般透明的经营"，坦诚向员工公开公司经营的实际情况，便是为了让员工觉得"事确关己"，从而激励员工积极思考"自己该做什么"。换言之，让问题和经营现状"可视化"，是激发员工干劲和智慧的最良之策。

WORDS OF KAZUO INAMORI 62

唯有"心灵"合一，企业的 M&A 方能顺利

若只高举资本理论，并无法顺利开展经营。尽管占股比过半能在法规层面支配公司，但却无法保证俘获员工的心。

企业为了发展扩张,常常会采用 M&A(收购合并其他公司)的手段。收购也分善意收购和恶意收购。而对于一味高举资本理论、蛮横收购并强迫员工顺从的做法,稻盛和夫并不赞同。他认为,尽管占股比过半能在法规层面支配公司,但却"无法保证俘获员工的心"。

1979 年,稻盛收购了两家公司。一家名叫 Trident,生产计算器和收银机;另一家名叫 Cybernet 工业,生产车载无线步话机。两家所涉行业与京瓷擅长的工业陶瓷技术属于不同领域,但他与两家的社长和干部坦诚交谈后,确信"对方是能与自己共同努力之人",于是决定收购。要知道,这两家公司当时都处于近乎破产的窘境,要拯救它们极为困难。但在稻盛的领导下,大家毫不抱怨,努力培养孵化基础事业,最终使一众员工成为心心相连的伙伴,而两家的技术储备也成为京瓷日后业务发展的支柱。

有人说,收购企业是"花钱买时间"。而在如此投资时间的同时,必须开展"心灵合一的经营",M&A 方能成功,全体员工也才会幸福。这便是稻盛的见解。

WORDS OF KAZUO INAMORI **63**

为了员工的幸福而经营企业

若有人问我"企业属于谁?",
我会毫不犹豫地回答"企业是为了追求全体员工物质与精神两方面的幸福而存在的"。

有的强势的企业股东主张"公司属于股东",并要求公司"多派发股息红利""推进裁员挤出利润"。的确,在商法层面,企业属于股东,故其主张本身亦无任何问题。但凡事皆有度,若急功近利,搞得"只顾现在、只顾金钱、只顾自己",则会产生问题。而经营者也会因此受到股东的影响和逼迫,变得在经营活动中"只顾提升股价",这就麻烦了。

当被问到"企业属于谁"时,稻盛和夫干脆利落地答道:"企业是为了追求全体员工物质与精神两方面的幸福而存在的。"他的理由如下:

"先要打造让员工安心并乐于为之工作的企业。然后要进一步打造广受社会信赖和尊重的杰出企业。其结果自然是卓越的业绩,进而是企业的高价值,从而最终亦令股东欣喜。"

京瓷创办的最初目的是"让稻盛的技术得以问世",而在高举"追求全体员工物质与精神两方面的幸福"的经营理念之后,公司的基础得以巩固。换言之,稻盛的经营哲学是"经营不为自己,而为员工"。

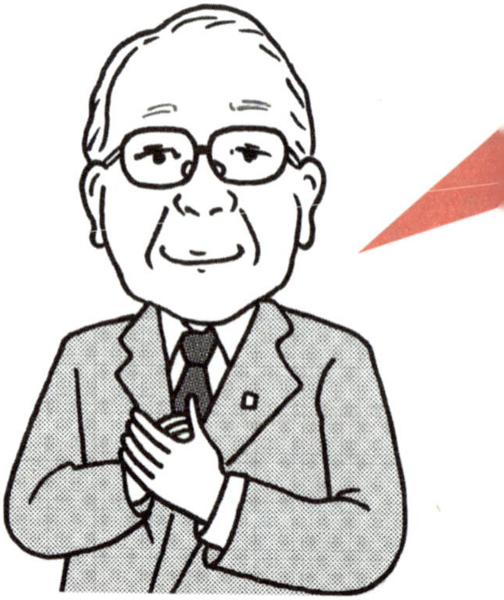

第七章　经营，本应如此

WORDS OF
KAZUO INAMORI

WORDS OF KAZUO INAMORI 64

克服虚荣心,打造"筋肉坚实的企业"

经营者必须克服"把自己和企业打扮得比实际情况更好看"的诱惑。

大家皆凡人,谁都多多少少有"想在人前光鲜亮丽"的心理动机。企业亦是如此,刚起步时另当别论,可一旦有所积累和成就,便会趋于"奢侈"。对此,稻盛和夫指出,若是与自身经济实力相符,则还不算太糟;但如果超出自身经济允许,企业便会"满是赘肉,徒添负担"。

比如企业在上市后,为了维持高位股价,不顾现实地盲目提升账面销售额和利润额。又比如为了营造一流企业的形象,经营者坐豪车;或者不必要地把总部设在一等地块的商圈内,并把总部办公环境搞得极为豪华;或者在生产现场导入全套最新的机械设备……而稻盛则不同,他主张勤俭节约,在机械设备方面,也一直教导员工"只要够用,就用二手的"。

企业必须不断成长发展。为此,经营者必须塑造一个没有赘肉的"筋肉坚实的企业"。这便是稻盛的信条。为此,经营者必须拥有坚强意志,从而克服"想在人前光鲜亮丽"的虚荣心。

WORDS OF KAZUO INAMORI 65

销售最大化，经费最小化

支出部分的预算落实了，
销售收入的预算却落空了。

但凡希望"成为有钱人"的，大多做梦"有一天有大笔财富进账"。其实，比起如此凭空期待幸运降临，平时努力做到"花的比赚的少"要靠谱得多。若能彻底实践这招，即便收入平平，自己的储蓄也能切实增加。

当年创立京瓷时，稻盛和夫虽是技术专家，但对财务完全是外行。而在通过对财务人员刨根问底般的请教后，他发现了一大原则——"销售最大化，经费最小化"。大多数企业为了提升销售额，往往趋于"一定的投资支出必不可少"的思想，从而着眼于增加人员和设备。可结果又如何呢？支出部分的预算落实了，销售收入的预算却落空了。如此一来，利润不增反减。

鉴于此，稻盛在努力最大程度提升销售额的同时，却并不制定属于"花钱任务"的支出预算，而是以一事一议的方式——但凡花钱，下级就要提出报告申请，由上级审议决断，从而尽量减少经费支出。

而正是这般努力的日积月累，才成就了京瓷的"无负债经营"。

WORDS OF KAZUO INAMORI

66

平时的经营要"留有余裕"

在相扑台的中央交锋。

"在相扑台的中央交锋"是稻盛和夫的名言之一。顾名思义，此话出自相扑比赛。相扑选手若被逼到相扑台边缘才发力，则因出招失败或裁判的争议判定而输掉比赛的风险会大大增加。反之，若在相扑台中央时便坚如磐石地稳住下盘，并宛如已经被逼到相扑台边缘一般认真全力地出击，则取胜概率会大大增加。

当年，在京瓷创立后不久，稻盛去听松下创始人松下幸之助的"水库式经营"讲座。从中悟到了企业经营必须"如水库般有所储备"，包括"资金储备"和"技术储备"等，从而得出了"在相扑台的中央交锋"的经营理念。

纵观世间的企业经营者，有的总是在为筹措和周转资金而奔忙，到了月末，若好歹渡过难关，便心生满足。而在稻盛看来，这样的努力无非是"勉强将负的经营正负对冲为零"，实则无意义。

若被逼到相扑台边缘，即便拼命努力，能做的也已非常有限。鉴于此，关键要在相扑台中央时便拥有"健全的危机感"，并采取必要行动，从而使"不急不躁、从容有余"的判断和行动成为可能。

WORDS OF KAZUO INAMORI **67**

越是萧条期,越是要挑战

最重要的是,越是在萧条期,
越是要致力于新产品、新商品的开发。

但凡企业经营，自然会受到经济大环境时好时坏的影响。对此，稻盛和夫的策略是，在景气时提升利润、增加手头现金流，以防下次萧条期的冲击；在萧条时努力削减经费支出，但要致力于研发新产品。

面对后者，在销售额疲软的情况下，要研发无法立即变现盈利的新产品，不少经营者可能会踌躇犹豫。但稻盛的想法却不同。在他看来，既然既有产品在萧条中销量下滑，未来依靠既有产品线提升销售额就会变得异常困难。反之，若能搞出"自家目前没有的产品"，则未来的销售前景可期。

比如京瓷研发生产的钓竿用陶瓷导环，便诞生于经济萧条期。之前，该部件皆为金属材质，而当时京瓷的一名销售员提案道："如果把它做成陶瓷材质的，钓鱼线的移动不但更为顺滑，且不易磨断。"通过试制和实验，发现效果极好。以此为契机，陶瓷导环不断在钓竿渔具中普及，且从日本一直推广至全世界。

可见，越是萧条期，越是要积极挑战，尝试新点子、新创意，发掘新需求。

WORDS OF KAZUO INAMORI

68

实施玻璃般透明的经营

如果数字可以弄虚作假，
员工就不会再认真工作。
这样的公司不可能顺利发展。

被誉为"世界顶尖投资家"的沃伦·巴菲特有句名言——"所谓'利润'数字可以用笔捏造，但骗子也会因此蜂拥而至"。有的企业经营者为了虚荣和面子，愚昧地染指信息造假行为，粉饰自己公司的账面销售额等业绩数字。结果导致企业信用受损，最终反而拉低了自己公司的价值。

若在数字方面动手脚、做文章，则企业的决算结果等便无信用可言，而员工的感觉也会趋于麻痹，大家会觉得"数字注水"理所当然，于是没人愿意再踏踏实实做事。而这正是稻盛和夫所担忧的。

近年来，越来越多的企业被曝出数字造假的丑闻，其不仅限于决算数字，还包括其他各种企业业绩数值。不少企业对此以"为了公司""为了效率"等看似冠冕堂皇的理由搪塞，但本质就是违规造假。

为了杜绝类似现象，稻盛在企业管理方面重视"玻璃般透明的经营"，比如贯彻实物或现金流动与相关票据处理明确一一对应的"一一对应原则"等。换言之，领导切不可为了自己的面子或地位而输给"诱惑"、染指造假。

WORDS OF KAZUO INAMORI 69

不被"多买划算"所迷惑

现在如果只要一升,
就只买一升。

不少从事制造业的企业在采购时往往会陷入"多买划算"的错觉。比如需要100个零件，于是前去采购100个零件，结果卖家诱惑道"买500个的话，就给打9折"。如此多买的话，每个零件的单价确实是便宜了，可实际上用不完500个，导致将近400个都在仓库里吃灰。这最终成本一平摊，每个零件的单价结果反而是贵了。

稻盛和夫小时候看到自己母亲每次买红薯时都会"因为便宜"而买一大堆，结果其中多数都吃不完而最终烂掉，这让他认识到"多买似乎划算，但其实并非如此"。所以后来在经营京瓷时，即便被财务部长说成"违背财务常识"，他依然彻底贯彻按需的"临时采购"方针。换言之，哪怕单价贵一点，他也只买需要的量。

只在需要时购入所需的量，这杜绝了多余现象，员工在使用时也会懂得珍惜。此外，由于没有了库存，便不需要用仓库来安放多余之物。于是，在采购时似乎买贵了，可最后却是真正省了钱。面对这样的结果，财务也理解了稻盛的良苦用心。而这样的采购方针，也成了京瓷雷打不动的经营原则之一。

WORDS OF KAZUO INAMORI

70

敢于怀疑常识、打破常识，从而实现成长

新入行的企业就以常识为前提开展经营。
这样，不知不觉，
这家新企业就与其他企业趋于雷同。

"稻盛会计学"的特征是敢于怀疑常识。就拿采购来说，稻盛和夫所贯彻的"临时采购"主张"只在需要时购入所需的量"，这成为深入京瓷企业文化的原则之一。而这也正是不被行业常识或论调所束缚的表现，是敢于实践自己认为正确之事的典型。用稻盛自己的话来说，"无论是什么常识，道理上不对的事，最终世人还是会明白并承认它不对。"

他还举例道，对于销售过程中的销售管理费占比，所谓"业内常识"是销售额的15%，可倘若新入行的企业也对此囫囵吞枣地全盘接受，把自家的销售管理费比率定为销售额的15%，就等于在照搬其他企业的经营模式；而这样的做法若延伸至利润率等数字，则好比是完全被所谓"常识"束缚；于是，企业便无法创造高于"常识"的业绩，且会满足于"常识"。

如此一来，企业自然无法在与其他企业的竞争中胜出。一旦过于被常识束缚，便无法挣脱和跳出。鉴于此，不可盲信所谓行业的常识或论调，而应敢于怀疑。唯有如此，个人和企业才能实现"常识所不敢想"的飞跃性成长。

WORDS OF KAZUO INAMORI

71

不争"最佳",而求"完美"

京瓷公司的目标并非最佳,
是"做到完美"。

稻盛和夫认为,"要打造完美的产品,就必须在每个环节百分百到位"。一件产品,可能需要成百上千乃至数以万计的零件,故其组装工序也会多至数百道。而只要其中的一道没有百分百到位,最终成品就会沦为次品。换言之,唯有所有零件、所有工序都百分百到位了,成品的完成度才算圆满。稻盛正是在如此要求严苛的行业里一路摸爬滚打而来,因此才会提出"京瓷的目标并非最佳,而是完美"的口号。

在京瓷创立大约20年后,有一次,法系跨国大企业斯伦贝谢的社长让·里福来京都拜访稻盛,结果一见如故、意气相投。于是后来二人又在美国会面,并长谈至深夜。其间,里福说:"我们公司的座右铭是'力争最佳(Best)'。"对此,稻盛说道:"我们公司的目标是做到完美(Perfect)。"稻盛的主张是,"最佳"是与他者比较而得的结果,而完美才是真正的"终极无缺"。经过一番漫长的争论探讨,里福社长最终接受了稻盛的观点,同意把自己公司的座右铭也改为"力求完美"。换言之,不是与别人争出的"最佳",而是追求真正的"完美"。

WORDS OF KAZUO INAMORI 72

企业需要"明知吃亏也要坚守的哲学"

只有额头流汗,

靠自己努力赚来的钱才是真正的利润。

在日本当年的泡沫经济繁荣期，流动性过剩。当时，有的企业经营者不再愿意付出汗水干实业，转而大幅投资股市和房地产，觉得这才是"高回报"的好门道。

实体制造业的确是薄利买卖，一件产品的成本要精算至几元几毛。这种薄利多销的生意，自然比不上投资股市和房地产的收益来得多和快。因此在当时泡沫膨胀的大环境下，荒废正业、热衷投资和投机并赚得盆满钵满的企业成为社会和媒体吹捧的对象。反之，既不投资也不投机、一心深耕老本行的企业甚至一度被视为"又傻又憨"。

而稻盛和夫当时便属于这"又傻又憨"的群体，他不把京瓷拥有的巨额资金储备用于投资和投机。对此，有的人认为这是他不理解投资和投机的"甜头"所致。据说还有银行职员因此特意拜访稻盛，向他认真讲解投资和投机的套路。

可在日本经济泡沫破灭后，像稻盛这样坚信"只有额头流汗，靠自己努力赚来的钱才是真正的利润"的企业才得以避免冲击和灭亡，并且之后依然持续成长。可见，企业需要"明知吃亏也要坚守的哲学"。

WORDS OF KAZUO INAMORI

73

要把纳税彻底视为对社会的贡献

把税金看作贡献社会所必需的经费。只把税后的净利看作我们拼命努力所获得的真正的利润。

不只是企业经营者，不少普通人面对较高的所得税也摇头嗟叹，并怀疑"自己辛苦劳动后交的税真的在被合理有效地使用吗？"。对此，稻盛和夫也曾坦言"交税犹如割肉一样让人痛苦难受"。而且企业如果手头现金不足，哪怕通过借钱也得照章纳税，因此连他都曾说纳税是"无慈悲可言"。

为此，有的经营者通过各种方法和套路，试图减税避税。比如故意借款购置不动产，或者将资产转移至海外等等。但稻盛却不同，在他看来，社会发展需要税金作为支撑，他还公开强调"不能从利己的动机出发，逃避征税，或隐匿利润"。

他此言的思想出发点在于，不把税金视为"从自己银行账户中把钱夺走"，而是将其视为对社会的贡献，并把利润看作成绩表，表示对社会贡献的大小。

如今，日本的法人税率已降至欧美国家的水平。也正因为如此，经营者们更应以感恩之心反哺社会，积极正面地把纳税看作"贡献社会所需的必要支出"。

WORDS
OF
KAZUO
INAMORI

74

利润取决于"生产方式"

自创业起,
我便一直把"价格由顾客定"
这样的市场价格作为经营前提。

定价方式有两种：

A：成本 + 利润 = 售价

B：售价 − 成本 = 利润

A 是以生产成本为前提，再基于"企业所求利润值"的成本主义，即在成本上加上利润，得出售价。因此一旦成本上涨，则售价也会相应提高。

而 B 则不同，就像稻盛和夫主张的"价格由顾客定"那样，售价取决于市场竞争情况。既然自身无法改变这客观因素所决定的售价，为了创造利润，企业就需要降低成本，即利润取决于"生产方式"。

就拿稻盛当年进军电信领域来说，其动机源于当时日本高得离谱的电话费。可见，在没有竞争的行业，定价方式易趋向于 A，于是企业常常会以"成本上涨"为理由而提价。对顾客或者说广大消费者而言，这可不是好事。

顾客追求的是"价廉物美"。哪怕仅仅为了满足该需求，企业也应日日努力钻研，不断优化生产方式，方能持续获得顾客及广大消费者的支持。

WORDS
OF
KAZUO
INAMORI

75

定价即经营

定价的最终目标,
是找出一个让顾客乐意购买的最高价格。

做生意最难的事情之一是"定价"。若价格过高,则顾客不会购买,于是滞销库存积压,恶化企业经营状况;可若价格过低,顾客是乐意下单了,但利润不足又会导致企业无法维持。

当年京瓷刚创立时,作为无名的小微企业,业务员每次去大企业上门推销,对方都会说:"如果价格够便宜,我们就会向你们采购。"于是京瓷立马制作报价单,结果对方看了报价单后说"别家可比你们便宜",这导致业务员倾向于"不管三七二十一,先靠低价争取订单"。但如此一来,为了有利润,京瓷就必须实现高难度的成本缩减。

当时,对于这种"听从客户要求,一味压低报价"的业务员,稻盛和夫指示道:"你们必须找准一个极限值。若低于它,则订单要多少有多少;若高于它,则订单就会跑掉。"换言之,稻盛认为,关键要看穿"顾客乐意购买的最高价格",且定价是"决定经营生死成败的问题"。

该理念亦源自他儿时的经验教训。小时候,他拿着父亲制作的纸袋,跑到街头巷尾去叫卖。面对大人们执拗地"便宜点,再便宜点"的杀价,他起初不自觉地全部答应,结果一度血亏。

WORDS OF KAZUO INAMORI

76

滞销库存并非资产,而是罪恶

尽管制造过程中花费了成本,
尽管它们是"合格品",但作为陶瓷零件,
这批货物已经没有用处,
已等同于路边的"石块"。

对于滞销库存，是视其为"资产"，还是像丰田生产方式那样视其为"罪恶"？这取决于企业经营者的个人判断。而稻盛和夫的观点属于后者，且他更进一步，明确提出了"陶瓷石块论"。京瓷的基本生产方式是接单生产。比如接到了10000个部件的订单，考虑到良率［合格良品（能够使用的非残次品）在成品总量中的比例］等方面，于是实际生产了12000个。对于这多出的2000个，则作为库存保管，以备该客户将来的相同订单。按照一般企业的做法，假设一个部件值200日元，则这笔库存就被视为总额40万日元的资产，并被计入财务账簿。可一旦该客户以后说"今后不再使用这个部件了"，则这笔为其保留的库存就成了滞销的"死库存"，实际已无价值可言。有的企业为了让业绩报表尽可能漂亮些，对于这种滞销库存，依然持续算作"资产"。但稻盛则不同，对于卖不出去的工业陶瓷部件，他视之为"石块"，并命令员工将它们废弃。

对于如石块一般无价值的库存，即便将它算作"资产"，把决算数字搞得光鲜亮丽，其终究也只是幻象，并不能正确反映企业的实力。鉴于此，稻盛认为，身为经营者，为了实现"健全经营"，其职责之一是确保企业的资产健全。即对于盘存等事务不可撒手不管，且应勇于处理不良库存和资产。

WORDS OF KAZUO INAMORI

77

求利有道,用于利他

求利散财皆有道。

日本的一代伟人涩泽荣一生前创办了500多家企业，被誉为"日本资本主义之父"，但他同时也鞠躬尽瘁地致力于社会福利事业，打造了600多家相关的组织和机构，并对广大企业家提出了"不可一味敛财，还要明理循道，为社会为世人散财布施"的希望。

身为企业，求利创收天经地义。稻盛和夫亦不例外——他一直强调"创造高收益"，且自京瓷创立以来，他一直使其保持盈利，从无赤字，可谓罕有的卓越企业家。但他同时也坚信"企业在追求利润时，应遵循做人的基本道理"。换言之，利润的确必要，但若为此不择手段（比如诓骗或贬损他人）、舞弊违规，则企业绝对无法长存。

对于这样的理念，稻盛将其概括为"求利有道"。另一方面，对于所获之利，他认为"必须用于社会和世人"，即"散财有道"。而他也说到做到，积极地投身于社会贡献活动。比如其母校鹿儿岛大学的纪念大礼堂，便是他出资修建的。

正如人有"人德"，企业也应有"企德"。社会大众评价一家企业时，并不只看其创造利润的多寡，还会看其如何使用所得的利润。

WORDS OF KAZUO INAMORI

78

理念要愚直地贯彻坚持

若动摇理念,则公司必然灭亡。

京瓷成功得益于稻盛和夫当年较早确立经营理念,并与员工共有,且一直贯彻坚持。

对此,不少人可能会感到诧异——几乎所有企业都有自己的经营理念,且不少都要求自家员工在晨会等场合一起大声念诵,可它们为何就没能取得京瓷那般的巨大成功呢?

其差距在于对理念的态度——是"只单纯拥有理念",还是"愚直地贯彻坚持理念"。稻盛指出,在经营企业时,有时会面对打破理念的诱惑,心生"虽然(这么做)有悖于理念,但这点程度没关系吧"之类的念头。此时,有的经营者会坚守理念,可有的经营者则会败给诱惑,觉得"这点程度应该没事"。

可只要违背过一次理念,就会陷入"温水煮青蛙"般的恶性循环——犯错的罪恶感逐渐减弱,错却越犯越大,最终铸成大错。

鉴于此,稻盛坚决断言"若动摇理念,则公司必然灭亡"。可见,理念是必须愚直地贯彻坚持之物。

换言之,若按自己方便,时而遵守,时而违背,或者随意更改,就谈不上是"理念"了。

WORDS OF KAZUO INAMORI

79

贯彻"作为人应行的正确之事"

在经营活动中,

我首先考虑"作为人,何谓正确?",

以此作为判断的基准。

纵观世间，存在着许多经营理论和经营战略，但稻盛和夫认为，在思考这种战略和战术之前，应具备坚守的原则。

27岁那年，稻盛在多方人士的帮助下创立了京瓷。当时，他虽在技术方面拥有自信，但对企业经营可谓一片空白。可既然身为经营者，他就不得不针对各种情况和问题下达判断。当时的京瓷可谓襁褓中的新生儿，一旦经营者判断失误，企业就会立即陷入困境。为此反复苦恼和思索的稻盛，最终得出的方针是"把'作为人，何谓正确？'视为判断一切的基准"。

"作为人，何谓正确？"，其具体包括公平、公正、正义、勇气、诚实、忍耐、努力、亲切、体谅、谦虚、博爱等普遍性的价值观，以及父母教导子女的"明善恶，辨是非"之理。不少人或许觉得这些大道理太过稀松平常，可就拿最简单的"不可撒谎（女语）"来说，几乎所有人都理解其含义，但在现实社会中，在日常工作中，要真正做到这一点可不容易。

而稻盛正因为不但把"作为人应行的正确之事"视为判断基准，而且还彻底贯彻实行，所以才成功避免了在企业经营中判断失误。

WORDS OF KAZUO INAMORI 80

"燃烧的斗魂"与"崇高的精神"

用"为社会、为世人尽力"
的崇高精神去经营企业。

战后复兴期的日本，曾涌现出不少值得世人尊敬的企业家。其中一些人的名字，在稻盛和夫自己的著书中也被屡屡提及。比如松下创始人松下幸之助，当时为了拯救人口大量外流的欠发达地区，他故意在这些"穷县"（日本的"县"相当于中国的"省"。——译者注）设立工厂。又比如本田创始人本田宗一郎，当时为了提升生产技术，他冒着风险进口了极为昂贵的机械设备，并坚定地说道："即便咱们公司倒闭了，至少给国家留下了这些好的机械设备，这也算是一种幸福。"

上述两人皆为卓越的经营者，也是稻盛口中的"燃烧的斗魂"的拥有者。而最难能可贵之处，则是他们的这份斗魂并非只为了自己公司，而是"为社会、为世人"。也正因为如此，直至今日，这两家企业依然保持着繁荣。

对经营者而言，"燃烧的斗魂"不可或缺。面对各种情况和局面，若没有"绝对不输给竞争对手"的气魄和精神，则企业便无法在竞争中胜出。但另一方面，稻盛亦认为，倘若仅仅把这份斗魂用于自家企业，就会一味追求自家利益，最终有危害社会之虞。鉴于此，稻盛主张，身为经营者，唯有兼具"燃烧的斗魂"与"为社会、为世人尽力"的崇高精神，企业才能实现可持续发展，并获得社会大众的认可和尊敬。

参考文献一览

1.《活法》

［日］稻盛和夫著，曹岫云译，东方出版社

2.《活法伍：成功与失败的法则》

［日］稻盛和夫著，喻海翔译，东方出版社

3.《活法青少年版：你的梦想一定能实现》

［日］稻盛和夫著，曹岫云译，东方出版社

4.《稻盛和夫的哲学》

［日］稻盛和夫著，曹岫云译，东方出版社

5.《稻盛和夫自传》

［日］稻盛和夫著，曹寓刚译，东方出版社

6.《心法之贰：燃烧的斗魂》

[日]稻盛和夫著，曹岫云译，东方出版社

7.《付出不亚于任何人的努力》

[日]稻盛和夫述，稻盛图书馆编，周征文译，东方出版社

8.《稻盛和夫的实学：经营与会计》

[日]稻盛和夫著，曹岫云译，东方出版社

9.《稻盛和夫的实学：活用人才》

[日]稻盛和夫著，喻海翔译，东方出版社

附录　稻盛和夫箴言

序号	箴言
1	比起追求自己喜欢的工作，不如从学着爱上自己现有的工作开始。
2	明天要比今天做得好，后天要比明天做得好。必须具备"天天钻研创新，天天改善改进"的意识。
3	如感到不顺，就拼命工作，直到忘记顺与不顺。
4	今天这一天勤奋努力就可以看到明天，这一个月勤奋努力就可以看到下个月，这一年勤奋努力就可以看到明年。
5	即使中途倒下，我也要以百米冲刺的速度坚持奔跑。
6	要自己反复试验，经历多次失败，吃尽苦头之后，才能把问题搞明白。只有经验与理论完美结合，出色的技术开发和产品制造才可能成功。

（续表）

序号	箴言
7	关键要做到人人客观认可的"不亚于任何人的努力"，而不是自己主观认为的"努力"。
8	要想打造真正意义上的完成品，仅靠99%的努力还不够。必须坚持追求100%的"完美"。
9	苦难和成功，都是对我们的考验。
10	拼死努力，最后神灵也出手相助。
11	此刻这一秒的积累就是一天，今天这一天的积累就是一周、一月、一年。当意识到的时候，我们已经登上了原以为高不可攀的山顶。
12	坚持努力，平凡变非凡。
13	用眼睛去凝视，用耳朵去倾听，用心灵去贴近。这时我们才可能听到产品发出的声音，找到解决的办法。
14	"拼命努力工作"乃经营的最高要诀。
15	人生·工作的结果＝思维方式×热情×能力
16	有一点小小的成功，我就会从内心感到喜悦，我不掩饰这种喜悦，我要拥有一个乐观开朗的人生。
17	要想成就事业就必须成为自我燃烧的人。
18	要把高难度的要求视为提升自我的机会，从而积极接手。

(续表)

序号	箴言
19	当其他企业（因经济不景气）灰心丧气时，只要自己孤军奋斗，坚持付出不亚于任何人的努力，以后就会和友商们拉开巨大差距。
20	失败后充分反省即可，然后大可翻过这一篇。
21	对同一件事情，从善意的角度思考，还是从恶意的角度思考，自然而然，两者所导致的结果就会截然不同。
22	人生就是判断的积累，就是决断的连续。没有一个明确、正确的判断基准，我们人生的结果将完全不同。
23	（成功的）原因之一，就是失败了，我们也不会责怪员工。
24	不是那宗生意本身的好坏，而是商人能否把生意做成功。
25	动机至善，私心了无。
26	如果我得到了上天所赐予的才能，那么就只能将这种才能用来服务企业的员工、客户以及全社会。
27	京瓷自创业以来积累的现金有1500亿日元，请允许我动用其中的1000亿日元。
28	要每天反省。
29	成也萧何，败也萧何。
30	重要的是把知识提升到信念、也就是见识的高度，然后再将见识变成胆识。

(续表)

序号	箴言
31	我所得的财富,只是暂时替社会保管。我想尽早将其还给社会。
32	领导者们更有必要严格自律,常常反省自己"是否有任何有愧之处"。
33	先天的性格加上后天的哲学造就了我们的人格——我们人的精神的品格。
34	能"以将来进行时来看待能力"者,便能克服困难、成就事业。
35	乐观构思,悲观计划,乐观实行。
36	认为"不行"的时候,不要认为一切已然结束,而要将其视为工作的第二起点,发挥"不成功,决不罢休"的韧劲。
37	你有种再逃啊,我拿着机枪,在你后面朝你射击呢。
38	既然觉得销售额提升至两倍很难,那么干脆就把目标定为四倍增长。
39	我们一定要成为原町第一的公司。成为原町第一后,目标就是西之京第一;成为西之京第一后,目标就是中京区第一,接下来是京都第一,实现了京都第一,还有日本第一;成了日本第一,当然要做世界第一。
40	公开说了,就没有了退路。不给自己退路,就是逼着自己必须真干。

(续表)

序号	箴言
41	努力并非不动脑筋地一味使蛮劲,而是指努力思考如何达成目标、如何具体去做。
42	深思熟虑到看见结果。
43	"创造"属于外行,而非专家。
44	人之行动,始于"心念"。
45	今日成果,是过去努力之结果;至于未来,则取决于今后的努力。
46	接下来想做的事,应该是别人认为我们不可能做到的事。
47	身为领导,无论对方愿不愿意听你讲话,都必须循循善诱,把自己的信念向下属娓娓道来,并最终使其信服。
48	不能单纯地做执行命令的"机器人",每名员工都必须理解工作的意义,并发挥主观能动性,否则无法出成果。
49	若不具备优待伙伴的意识,则无人会追随你。
50	身为一个集体组织的领导,切不可太爱自己。
51	在事情的开始阶段,必须用理性思考。在实际执行阶段再融入情感因素。
52	要真正打动人,不能靠三寸不烂之舌,而要靠率先垂范、以身作则。
53	既然有勇气辞职,为何没勇气信我?

(续表)

序号	箴言
54	一旦觉得"可行",就即刻行动。如果之后再次思考,发现"之前有误,应该修正",则向下属道歉,并立即修正。
55	所谓经营目标,就是产生于经营者的意志。面对这个经营目标,全体员工能不能认同、能不能发出"那就让我们一起干吧"这种共鸣,就变得非常重要。
56	要告诫自己,至少在下属面前不可流露胆怯之情,这是不可让步的底线。
57	人心虽然善变,但一旦能够与他人在心灵上结下牢固的纽带,那么就再没有比这种纽带还要牢不可破的关系。
58	不信任员工,何谈企业经营?
59	"不让员工犯罪"的善的信念,是经营者不可或缺的意识。
60	并非一定要追求美国模式或日本模式,只要人性化模式就行。
61	若不告知经营的实际情况,即便叫下属负责,也是徒劳。
62	若只高举资本理论,并无法顺利开展经营。尽管占股比过半能在法规层面支配公司,但却无法保证俘获员工的心。
63	若有人问我"企业属于谁?",我会毫不犹豫地回答"企业是为了追求全体员工物质与精神两方面的幸福而存在的"。

(续表)

序号	箴言
64	经营者必须克服"把自己和企业打扮得比实际情况更好看"的诱惑。
65	支出部分的预算落实了,销售收入的预算却落空了。
66	在相扑台的中央交锋。
67	最重要的是,越是在萧条期,越是要致力于新产品、新商品的开发。
68	如果数字可以弄虚作假,员工就不会再认真工作。这样的公司不可能顺利发展。
69	现在如果只要一升,就只买一升。
70	新入行的企业就以常识为前提开展经营。这样,不知不觉,这家新企业就与其他企业趋于雷同。
71	京瓷公司的目标并非最佳,是"做到完美"。
72	只有额头流汗,靠自己努力赚来的钱才是真正的利润。
73	把税金看作贡献社会所必需的经费。只把税后的净利看作我们拼命努力所获得的真正的利润。
74	自创业起,我便一直把"价格由顾客定"这样的市场价格作为经营前提。
75	定价的最终目标,是找出一个让顾客乐意购买的最高价格。

(续表)

序号	箴言
76	尽管制造过程中花费了成本,尽管它们是"合格品",但作为陶瓷零件,这批货物已经没有用处,已等同于路边的"石块"。
77	求利散财皆有道。
78	若动摇理念,则公司必然灭亡。
79	在经营活动中,我首先考虑"作为人,何谓正确?",以此作为判断的基准。
80	用"为社会、为世人尽力"的崇高精神去经营企业。

精进笔记